Ayurveda

Los secretos de la curación hindú a través de la dieta ayurvédica, la meditación y la aromaterapia junto con una guía para entender los Yoga Sutras de Patanjali

Tabla de contenido

Primera Parte: Ayurveda

Descubriendo los secretos de la curación hindú a través de la dieta del Ayurveda, el yoga, la aromaterapia y la meditación

Introducción

El propósito de este libro es presentar los secretos de la curación hindú a través de la práctica del Ayurveda. El Ayurveda se estableció por primera vez hace más de 5.000 años y se lo reconoció como un antiguo sistema médico, el más antiguo del mundo. La práctica de la medicina y el establecimiento de otros sistemas médicos derivados del Ayurveda se han transformado, pero la constancia y la práctica del Ayurveda han resistido el paso del tiempo.

En el mundo de hoy, las personas son más conscientes de su entorno y de cómo afecta a su salud y actitud mental. Los altibajos de la vida y las relaciones a veces pueden estresar la mente, el cuerpo y el espíritu, algo que puede ser inquietante.

En la práctica del Ayurveda, todo es parte de la misma conciencia y reconoce que los humanos son mucho más que su cuerpo físico, son seres multidimensionales que tienen emociones e intuición. Esta ciencia reconoce la importancia del medio ambiente para la salud.

Los siguientes capítulos hablarán sobre todos los elementos que conforman el Ayurveda: qué es el Ayurveda y su historia, la medicina ayurvédica, identificando nuestro dosha individual, y cómo el yoga, la meditación, el uso de hierbas y la aromaterapia mantienen nuestra mente, cuerpo y espíritu en equilibrio.

Capítulo 1: ¿Qué es el Ayurveda?

El desarrollo y el origen del Ayurveda

La historia de la medicina es intrigante. Es el relato de la lucha contra una enfermedad que se ha librado durante siglos. La civilización ha avanzado y el patrón de enfermedades ha cambiado. Debido a estos cambios, la ciencia médica también ha evolucionado.

Ayurveda (pronunciado aye-your-VAY-duh) es el sistema de salud más antiguo del mundo, un antiguo sistema médico de la India establecido hace 5.000 años. Es el sistema de salud del que se originó la herbología china y occidental. Su comprensión completa del cuerpo humano se adelantó mucho para su tiempo, y finalmente se extendió a lo largo de lo que se conoce como la ruta de seda. Se dirigió hacia el este desde India a China y luego a Indonesia. Los textos ayurvédicos fueron traducidos por 700 EC a chinos y eruditos chinos que vinieron a la India para estudiar en 700 EC. El Ayurveda tuvo una tremenda influencia en la medicina china.

La ciencia del Ayurveda también se extendió al oeste a través del Imperio persa, hasta Europa y más al este hasta Egipto y luego hacia el sur hasta Somalia. Los comerciantes hablaron del conocimiento de las hierbas de la India inspiradas en el Ayurveda (Ketabi, 2017).

La información fue reconocida aún más por los imperios de los romanos y los griegos, que es la base de la medicina europea, así como la herbología.

Ayurveda es una palabra sánscrita que significa "conocimiento de la vida". Para lograr una salud completa, debe conocer todos los aspectos de su vida. Este sistema de curación va más allá de lo físico y fusiona lo médico, mental, emocional, espiritual y metafísico, todos los cuales están interrelacionados. Fusiona la ciencia de la psicología, la filosofía y la espiritualidad. (Ketabi, 2017).

Ayurveda ha perdurado como una entidad distintiva desde la antigüedad lejana hasta el presente. Se dice que es una ciencia perpetua que, en primer lugar, estaba en la conciencia universal. Luego fue entregada por el creador a través de la meditación a los místicos indios primitivos. Los fundamentos del sistema ayurvédico se han mantenido ciertos y no han cambiado. Estos fundamentos se basan en causas inherentes. Se origina del sánscrito como dos palabras separadas: ayur que significa "vida" y veda, que significa "conocimiento". Para lograr el equilibrio del Ayurveda, usted debe tener un conocimiento total de su vida.

Los inicios del Ayurveda se adentran en la antigüedad. En la edad de bronce, 3300-1300 a. C., el valle del Indo, hoy Pakistán, la civilización prosperó. Durante este tiempo, muchas de las especias y alimentos relacionados con la cocina ayurvédica, como el frijol mungo, arroz, jengibre, cúrcuma y urad dal (también conocidos como lentejas negras) se cultivaban durante este período.

Más tarde, un cambio del centro de la civilización se trasladó a la cuenca del Ganges. Allí, las personas identificadas como Arya o nobles practicaron una devoción que afirma la vida resumida en los Vedas. Escritos en una forma primitiva de sánscrito entre 500 y

1000 a. C. (antes de la era común), se cree que los Vedas son los datos escritos más antiguos de la historia humana y aclaman los elementos esenciales de la vida, expresamente de la Madre Tierra y las plantas y animales que la habitan, así como el fuego, viento y agua. Hoy en día se usan muchas hierbas en el Ayurveda, así como aquellas hierbas que no conocemos ahora pero que originalmente se explicaron en los Vedas (Asociación Médica Ayurvédica de la Nación, 2019).

En 800 a. C., Punarvasu Atrya fundó la primera escuela de medicina ayurvédica. Esto influyó en Charaka, un erudito que vivió en 700 a. C., que fue uno de los principales contribuyentes al Ayurveda y es autor de *Charaka Samhita*, un libro que define 1.500 plantas y reconoce 350 de las plantas como valiosas para la medicina. Se cree que el Charaka Samhita es el primer texto importante del Ayurveda. La Susruta Samhita fue escrita aproximadamente 100 años después y es la base de la cirugía moderna. Todavía hoy se hace referencia a ella.

Cuando la sociedad védica o gangética entró en el año 600 a. C., la edad del hierro, una atmósfera de razón y despertar surgió en el mundo conocido. Aristóteles y Platón empezaron sus enseñanzas en Grecia, el Medio Oriente fue enseñado por profetas hebreos, y en el norte de India, Buda.

Nacido alrededor del año 500 a. C., Buda era un devoto del Ayurveda. Fue el Ayurveda el que acompañó la expansión del budismo en Asia. Durante un tiempo en que prácticamente se conocía muy poco sobre el cuerpo y la mente humana, Ayurveda explicó la causa de las enfermedades, las indicaciones de desequilibrio, las formas de lograr el bienestar emocional, espiritual y mental.

La forma de curación india eliminó las antiguas supersticiones y ganó un profundo razonamiento, claridad y una base filosófica significativa que ha descrito al Ayurveda desde entonces. De esta conciencia de la razón, surgieron los escritos de Ayurveda, particularmente *Sushrut Samhita* y *Charak Samhita.* Durante muchos siglos de ajustes y aclaraciones, estos escritos comenzaron a tener su forma actual durante la edad de oro de la India (320 a 550 EC (Era Común)) bajo el Imperio gupta.

India siempre ha sido una perspectiva tentadora para los invasores y comerciantes debido a las gemas, especias, pavos reales y textiles ricos. India ha podido aprender de las influencias del mundo exterior mientras mantiene su propia cultura debido a su tolerancia y aceptación intrínsecas.

El Ayurveda siguió siendo la medicina preferida para la mayor parte de las personas, incluso con las invasiones de los mongoles y Genghis Khan en el siglo XIII y los mogoles en el siglo XVI. Durante el reinado del emperador Akbar, el Ayurveda se disfrutaba tanto como la medicina unani o árabe (Asociación Médica Ayurvédica de la Nación, 2019).

Cuando los británicos llegaron a gobernar la India, el sistema médico se consideraba arcaico y ya no estaba permitido. Desapareció del uso público, pero continuó practicándose en hogares privados, incluso cuando los británicos forzaron la medicina occidental sobre los indios. Como medicina "prohibida", se pensó que el Ayurveda se convirtió en una "medicina de cocina". Eventualmente, la sabiduría de la medicina ayurvédica resurgió y se extendió más allá de los límites de la India y abarcó todo el mundo a medida que las personas se sintieron atraídas por los métodos del Ayurveda superando el paso del tiempo.

El Ayurveda da importancia a los efectos de cómo cada temporada y dieta equilibra el cuerpo. En varios momentos del día, prevalecen los atributos distintivos o doshas, así como los cambios psicológicos que ocurren en el cuerpo durante las estaciones. El Ayurveda sabe que la base de la buena salud es moverse con los tiempos y el clima porque somos un microcosmos de lo que ocurre en el medio ambiente.

Los alimentos envasados, refrigerados y recalentados contienen muy pocos nutrientes importantes. Cuando el combustible que usted ingiere es deficiente, el sistema inmunitario no logra funcionar a su capacidad óptima. Vyadhishamatva sabe que la inmunidad o el perdón de la enfermedad es un punto para el comienzo de una buena salud. La mejora del sistema inmune se logra al tener una mejor alimentación.

En el Ayurveda, todo es parte de la misma conciencia y reconoce que los humanos son mucho más que su cuerpo físico. Son seres que son multidimensionales y tienen emociones e intuición. Esta ciencia reconoce la importancia del medio ambiente para la salud. Es difícil mantener una buena salud cuando nuestro mundo es tomado por el desarrollo constante, la desaparición de los bosques que se talan en masa y las prácticas aplicadas a la agricultura que no respetan a los seres sintientes (Hope-Murray, 2013).

El Aryuveda profundiza en el enlace multifacético mente-cuerpo y lo transporta de vuelta al equilibrio. Es como la sensación beatífica que usted experimenta después de estar acostado en la postura de cadáver, shabasana. Es posible disfrutar ese sentimiento todo el tiempo, y este libro le enseñará cómo hacerlo. No solo se explicará el Ayurveda, sino cómo aplicarlo para transformar su salud y la felicidad en su vida (Ketabi, 2017).

Basado en la creencia de que se puede lograr la salud creando un equilibrio de mente, cuerpo y espíritu, el Ayurveda es la ciencia hermana del yoga. Nuestra salud se puede cambiar a través de la conciencia de nuestros entornos. La base de la salud es lograr el equilibrio de la mente y el cuerpo. No es tan simple como uno puede pensar.

Existen prácticas, pautas, remedios y recetas particulares para ayudar a lograr ese equilibrio. Las pautas difieren para cada persona, y a lo largo del año cambian, tanto en las estaciones como en toda su vida. Puede sonar un poco complejo, pero el conocimiento que reciba cambiará su vida, y vale la pena lograr un bienestar que durará permanentemente.

El Ayurveda es una ciencia verdaderamente holística y respaldada desde el nacimiento del fin de la vida. La forma de vida ayurvédica es maximizar la esperanza de vida a través de la intervención mediante la optimización de la salud y el cuidado del medio ambiente, así como del cuerpo, la mente y el espíritu. Lo importante es prevenir enfermedades y promover la salud, en una forma de tratamiento integral (Hope-Murray, 2013).

Este no es un método tradicional de curación. Se abren una multitud de opciones de estilo de vida cuando se establece un análisis total del tipo de cuerpo, los tipos de desequilibrios, las propensiones psicológicas y los requisitos dietéticos. Los beneficios del Ayurveda han llegado mucho más allá de los principios iniciales que eran el concepto de los antiguos rishis. La base de este sistema es para el bienestar que dura toda la vida, y que la naturaleza y la mente, el cuerpo y el espíritu humanos están en sintonía. Esta sintonización es a través de las elecciones que se hacen conscientemente cada día, y la respuesta cuerpo-mente se fortalece.

Nuestras vidas han alcanzado un nivel increíble de estrés debido a la velocidad, los dispositivos electrónicos y las complicaciones por las que se ha pasado por alto u olvidado tomarse el tiempo para estar en sintonía con la naturaleza. Esto cambiará al volver a aprender los conceptos básicos del bienestar. Cualquiera que quiera mirar con honestidad y profundidad, esto abarca un despertar que comienza con preguntas que la gente ha hecho durante siglos, como ¿quién soy yo? ¿Cómo me relaciono con la naturaleza y su reino masivo? ¿Qué es este cuerpo que ocupo? El Ayurveda ofrece una forma completamente práctica y completamente lógica de responder estas preguntas (Ketabi, 2017).

La tesis occidental ha sido la larga tradición para vincular la naturaleza humana y la naturaleza, pero no ha habido nada tan profundo y sistemático como el Ayurveda. Aunque puede ser el sistema de salud más antiguo del mundo, el Ayurveda no está muerto. En un momento en que todo en la vida se acelera demasiado rápido, Ayurveda nos enseña las ventajas de ir despacio y descubrir nuestros biorritmos naturales y respetarlos. Todos queremos estar saludables y mantenernos así, pero a medida que la expectativa de vida se alarga, la persona promedio a medida que envejece pasa de ocho a diez años luchando contra la discapacidad y la enfermedad. Una de las formas en que se puede superar y mantener la enfermedad es a través de estrategias a largo plazo para el bienestar. Hay una gran audiencia de aquellos que son nuevos en el Ayurveda y tienen una gran necesidad de tener esa estrategia (Ketabi, 2017).

Swastha, en sánscrito, es la palabra que describe la salud y debe "establecerse en uno mismo". La conciencia de la salud en cada parte de nuestro día se puede lograr a través de la meditación.

Hay especialidades en el Ayurveda, como en la medicina occidental. Las ocho medicinas ayurvédicas son medicina interna (kaya chikitsa), cirugía general (shalya tantra), toxicología (agada tantra), tratamiento de fertilidad (vajikarana), enfermedades infantiles o pediatría (bala tantra), psiquiatría (bhuta vidya), enfermedad de cabeza y cuello (salakya tantra) y rejuvenecimiento geriátrico (rasayana).

Medicina occidental y medicina ayurvédica

La medicina ayurvédica está destinada a complementar la medicina occidental, no reemplazarla. Su enfoque es evitar que aparezca la enfermedad, mientras que la medicina occidental se concentra en el síntoma de una enfermedad y la trata después de que la enfermedad ya se ha materializado. Las condiciones agudas y los traumas son tratados por la medicina occidental altamente avanzada y su sofisticación técnica. Sin embargo, las conexiones de los síntomas que trata la medicina occidental no tienen conocimiento de las razones por las cuales los síntomas o la enfermedad siguen ocurriendo una y otra vez.

La medicina ayurvédica defiende que nuestra condición física refleja nuestro estado mental y viceversa. A las personas con sobrepeso se les preguntará a qué se aferra un practicante ayurvédico. Si alguien no puede dormir, se puede recomendar que camine en la naturaleza. ¿Problemas de hígado? ¿Cuál es el problema de ira sin resolver que está teniendo?

Las sugerencias sobre qué hacer para sus afecciones no se ofrecerán hasta que su niñez, su horario diario, sus hábitos alimenticios e incluso sus sueños le sean contados a un practicante ayurvédico. Todos los elementos que pueden haber causado el problema se estudian y examinan, no solo el problema en sí. Este es un enfoque holístico, que incluye a toda la persona: mente, cuerpo y espíritu.

Las cirugías, los exámenes médicos y otros procedimientos médicos se incluyen en la medicina ayurvédica, pero estos se practican menos que los consejos dietéticos y de estilo de vida, que es la medicina ayurvédica en la actualidad.

Muchas hierbas ayurvédicas son puras y muy efectivas, mientras que otras tienen un efecto menor. Al igual que al usar cualquier otro tipo de medicamento, es crucial estar al tanto de lo que se ingiere en el cuerpo en lugar de tomar medicamentos o hierbas solo porque dice que es ayurvédico. Sin embargo, la medicina más efectiva que se puede ingerir es la comida en su plato.

El yoga

El 30 por ciento de los estadounidenses practica yoga, y esa cifra está aumentando. Con el crecimiento del yoga, más personas se han interesado en su práctica hermana, el Ayurveda. Estas dos ciencias estaban destinadas a ser practicadas al unísono por los Vedas. Sin embargo, el Ayurveda apenas había llamado la atención, ya que el centro de atención ha estado en el yoga.

Al tomar una clase de yoga, si usted desea convertirse en uno con la fuente divina, está practicando yoga. Si tomar una clase de yoga se volviera más saludable y equilibrado, entonces esa sería la práctica del Ayurveda.

El yoga es alcanzar la iluminación en un nivel espiritual, mientras que el Ayurveda se practica para lograr la salud. Muchas personas que toman clases de yoga probablemente están practicando Ayurveda porque buscan los beneficios para la salud en lugar de ser uno con lo divino.

El Ayurveda en la actualidad

Hoy, el Ayurveda ha aumentado en popularidad, seguramente entre aquellos que tienen interés en la medicina integradora y tradicional. Hay una necesidad imperiosa que ha puesto al Ayurveda a la vanguardia de la atención médica actual que ahora se ha vuelto inquietantemente cara. Las personas se sienten frustradas por su atención médica, que depende casi exclusivamente de la cirugía y los medicamentos, muchos de los cuales tienen efectos secundarios drásticos y a veces fatales en los que otras partes del cuerpo se ven afectadas y debilitadas. Debido a esto, las personas han buscado alternativas más saludables y seguras (Ketabi, 2017).

El Ayurveda se practica en todo el mundo, no solo en la India. El masaje automático, el cepillado en seco y la extracción de aceite ahora se han generalizado. Más del conocimiento de la combinación de alimentos y la digestión proviene del conocimiento de la medicina ayurvédica, la cúrcuma antiinflamatoria, antienvejecimiento y antidepresiva (una especia en la dieta ayurvédica) y ahora se vende en cápsulas.

Panchakarma ayurvédico, el tratamiento anual para desintoxicar y rejuvenecer la salud, tiene miles de personas que viajan a la India cada año para participar en este tratamiento. Millones de personas practican el Ayurveda y ni siquiera saben que lo están haciendo.

El método de corte de galletas para la salud ha dado a los estadounidenses el mejor estado de salud posible. El método de salud del Ayurveda para todo el cuerpo ve a toda la persona, no solo un síntoma. Este enfoque ha atraído a la gente al Ayurveda por sus beneficios. Como suele ser el caso, la mayoría de los médicos no se toman el tiempo para conocer a sus pacientes, aparte de un examen y la dispensación de medicamentos. Después de eso, las personas se quedan con sus propios dispositivos para aprender cuál es la causa raíz de su enfermedad. El Ayurveda puede ayudar a resolver esos misterios.

En la práctica del Ayurveda, las recetas y las píldoras no son de lo que se trata la salud, es un estilo de vida que es un regimiento de equilibrio y más difícil de seguir que surtir una receta y tomar el medicamento. Para mantener el Ayurveda, necesita responsabilidad personal y puede ser mucho más efectivo.

Una de las creencias del Ayurveda es que la singularidad del individuo es el secreto de su bienestar. La composición genética distintiva que todos tenemos, estilos de vida, metabolismos, cualidades mentales, fisiologías y muchos otros factores deciden nuestras necesidades médicas y dietéticas. La idea de ser un individuo con problemas únicos se ha convertido en el punto por el cual nos hemos cansado de las declaraciones de salud que tienen un contenido general y, por lo tanto, nos han dejado derrotados y exhaustos.

No existe una guía única que pueda funcionar para todos porque todos somos seres diferentes con unas necesidades únicas de acuerdo con el Ayurveda. Esta conclusión puede parecer un hallazgo aparente, pero realmente se necesitaron miles de años, una epidemia de obesidad y una emergencia de salud para que muchos de nosotros la descubriéramos. El Ayurveda estaba realmente adelantado a su tiempo.

A medida que lea este libro, comenzará a comprender la conexión entre la mente y el cuerpo. El libro cubrirá todos los diferentes factores que son el Ayurveda:

La medicina ayurvédica: leerá qué es, su efectividad, qué tan seguro es y cómo es el sistema de medicina más antiguo del mundo. Está basado en plantas y es una combinación de hierbas y aceites esenciales. Los capítulos sobre estos dos elementos explicarán cómo cada uno, individual y combinado, le brindará la salud y el bienestar que busca.

El estilo de vida ayurvédico: completará un cuestionario de tipo de cuerpo para ver en qué dosha o tipo de cuerpo se encuentra usted: Vata, Pitta o Kapha. Las habilidades, atributos, estado mental, condiciones o aflicciones que le pertenecen serán parte del cuestionario.

Los mitos y conceptos erróneos se describen para que usted entienda y conozca mejor la medicina ayurvédica y la práctica del Ayurveda.

También aprenderá y comprenderá las características mentales y físicas, así como los rasgos asociados con cada dosha y cuál es su tipo más dominante.

La dieta ayurvédica: cada tipo de cuerpo tiene su propia lista de alimentos, así como vitaminas y minerales que complementan su dosha. El capítulo enumerará los alimentos para cada tipo de cuerpo, así como la dieta que será más efectiva para cada uno. A lo largo del libro, habrá recomendaciones sobre qué es ayurvédico para perder peso.

Las plantas y hierbas ayurvédicas: el capítulo se centrará en las plantas y hierbas ayurvédicas y cuáles son sus propósitos. Para cualquier remedio medicinal, se debe consultar a un médico ayurvédico para obtener las medidas y recetas correctas.

El Ayurveda y el yoga: este capítulo cubrirá la forma en que las ciencias hermanas interactúan, ilustran posturas básicas de yoga e informan sobre los diferentes tipos de yoga.

La aromaterapia y el Ayurveda: esta será una guía para usar aceites fragantes para su salud, meditaciones y belleza.

La meditación ayurvédica: una guía de meditación, mantras y sonidos para la curación. El capítulo también se centrará en el equilibrio de las emociones y la mente, los mantras, los sonidos curativos y las rutinas diarias.

El Ayurveda y la belleza: consejos de belleza del Ayurveda. El Ayurveda tiene tantos consejos maravillosos de belleza que le harán sentir increíble.

Las recetas y bebidas del Ayurveda: recetas y bebidas específicamente para que su dosha equilibre su cuerpo.

Este no es el tipo de libro que debería leerse de principio a fin. En cambio, es una guía que debe consultar para aprender y comprender realmente qué es el Ayurveda y qué puede ser para usted en su vida.

El Ayurveda lo abarca todo: un despertar espiritual, mental y corporal. Es una persona completa, y este libro está diseñado para mostrarle cómo cuidarse y ser más saludable y tranquilo, para poder manejar los altibajos diarios de la vida diaria. Si usted está listo para un verdadero cambio que traerá salud y equilibrio a su vida, siga leyendo y aprenda cómo el sentimiento de *Shavasana* puede ser suyo.

Capítulo 2: La medicina Ayurveda: ¿qué es?, ¿qué tan segura y qué tan efectiva es?

¿Qué es la medicina ayurvédica?

El Ayurveda, el antiguo sistema médico indio, se compone de escritos antiguos que dependen de un enfoque holístico y natural de la salud mental y física. Es el sistema médico más antiguo y sigue siendo uno de los sistemas tradicionales de atención médica de la India. El tratamiento es una combinación de estilo de vida, dieta, ejercicio y productos (principalmente de plantas, pero también puede incluir metales, minerales y animales). La medicina del Ayurveda se centra en tres doshas: Vata, Pitta y Kapha. La enfermedad comienza cuando las energías de estos tres doshas están desequilibradas.

¿Cuánto se sabe sobre la medicina ayurvédica?

Solo ha habido unos pocos ensayos clínicos que utilizan los enfoques ayurvédicos, aunque la medicina ayurvédica y sus elementos han sido definidos en muchos artículos académicos y publicados en revistas médicas occidentales. Actualmente, 240.000

adultos estadounidenses usan la medicina ayurvédica (NCCIH - Centro Nacional de Salud Complementaria e Integrativa, 2019).

¿Es segura la medicina ayurvédica?

Algunas medicinas ayurvédicas contienen hierbas, minerales y metales u otros materiales. Estos pueden ser dañinos si no se usan correctamente. Como es el caso de los medicamentos occidentales que pueden causar efectos secundarios graves, los medicamentos ayurvédicos deben administrarse con la guía de un médico ayurvédico (Hopkins, John Medicine, 2019).

¿Hay algún esteroide en las medicinas ayurvédicas?

Nunca hay esteroides sintéticos en las medicinas ayurvédicas. Estos medicamentos están hechos con hierbas y partes de plantas que naturalmente contienen fitosteroles, que son esteroides naturales que también están contenidos en nuestros alimentos.

El objetivo principal del Ayurveda y su medicamento es promover la longevidad, una vida equilibrada y saludable, y renunciar a la necesidad de cirugías complicadas, medicamentos recetados o estar angustiado por dolencias dolorosas.

El Ayurveda ha tenido un gran resurgimiento en todo el mundo. En India, las personas dependen de prácticas ancestrales que curan problemas de salud, desde la impotencia hasta problemas intestinales. Sin embargo, como la salud alternativa y las prácticas complementarias son ahora mucho más populares, el Ayurveda todavía se practica con éxito en la actualidad.

La medicina practicada por los médicos ayurvédicos ayuda a tratar problemas inflamatorios, problemas digestivos, un ataque al sistema inmune y el desequilibrio de las hormonas.

El Alzheimer, la depresión, la ansiedad, el cáncer, las enfermedades respiratorias, las enfermedades mentales, las enfermedades del cerebro, la hipertensión arterial, la enfermedad de Parkinson, el herpes, la dismenorrea (menstruación dolorosa), el síndrome premenstrual (SPM) y los calambres pueden ayudarse con la medicina ayurvédica.

Los practicantes del Ayurveda emplean una dieta equilibrada, saludable, que ayuda a aliviar el estrés, tiene transiciones en el estilo de vida e incluye numerosas curas a base de hierbas que curan y equilibran el cuerpo. La enfermedad y el sufrimiento provienen de los tipos de energía, o doshas que están desequilibrados.

En la medicina ayurvédica, todos somos únicos en nuestro equilibrio de los tres tipos de energía. Todos tenemos algunas de las tres energías incrustadas en nuestras personalidades, sin embargo, hay una combinación de ellas y una que es la más dominante. El dominante eventualmente gobierna el nivel de energía, disposiciones, apetito y propensión. Individualmente, los doshas tienen características tanto emocionales como físicas. Estamos utilizando los doshas para describir comportamientos que son comunes a la personalidad y al físico de uno.

A diferencia de las prácticas de corte de galletas de los tratamientos médicos del oeste, que no atienden a la enorme variedad de pacientes que tratan, la medicina ayurvédica considera la individualidad cuando prescribe tratamientos holísticos (Hacha, Dr., 2019).

Medicina ayurvédica - Los tres doshas

Vata

La energía de Vata se considera habitualmente similar al viento. Este dosha controla principalmente el movimiento, el flujo y la circulación, la movilidad, la capacidad de respirar y las funciones corporales que son fundamentales para vivir. Las personas cuyo tipo dominante es Vata se inclinan hacia ser enérgicas e imaginativas, pero están estresadas, temerosas y demuestran ser distraídas cuando están desequilibradas. Los vatas generalmente tienen huesos pequeños, ligeramente más delgados que otros, y no pueden aumentar de peso muy fácilmente. El frío es una sensación que sienten la mayor parte del tiempo, y tienden a tener piel seca y sensible y un sistema digestivo sensible.

Pita

Pita tiene un metabolismo energético. Incorpora la ingestión de nutrientes, la temperatura del cuerpo, la digestión y la salida de energía. Las personas cuyo tipo dominante es Pitta tienden a ser inteligentes, motivados, trabajadores y, cuando sus energías son equilibradas, competitivas. Cuando están desequilibrados, tienden a demostrar ira y agresividad extremas. Son de constitución física mediana, de mentalidad deportiva y flexibles en peso o ganancia muscular.

Kapha

Se cree que la energía de Kapha es el dosha nutritivo y controla el crecimiento en el cuerpo. Ayuda a mantener un sistema inmunitario robusto y proporciona humedad a los órganos y las células. Cuando está equilibrado, los Kaphas son sólidos, amorosos, solidarios y perdonadores. Cuando están desequilibrados, pueden ser inseguros, perezosos, envidiosos y tristes.

Al equilibrar los tres doshas y no permitir que un dosha se vuelva más dominante mientras se ignora a otro, se espera que seguir una dieta saludable, manejar el estrés, mantener relaciones y lidiar con el cambio sea más fácil.

Hay dos características importantes para renovar el equilibrio: conectarse a los tempos habituales del cuerpo y sincronizar nuestra forma de vida con el entorno y las configuraciones recurrentes. Esto comprende la alineación de las elecciones de alimentos, el nivel de actividad, el patrón de sueño y todas las demás facetas con cada estación, las horas del día y los ciclos de menstruación para las mujeres. El Ayurveda revitaliza un ritmo circadiano saludable y ayuda a aliviar el estrés de esta manera. Esto beneficiará todo, desde su apetito hasta las hormonas.

Un practicante del Ayurveda obtiene su historial de salud, examina la piel, mira las encías y la lengua, revisa el pulso y los reflejos, habla sobre las relaciones y cómo se duerme, luego le recetará una dieta y ayudará a reequilibrar sus doshas. Todos estos factores ayudan a determinar un dosha dominante y trabajan para encontrar las características que pueden estar desequilibradas. Un ejemplo es si una persona no duerme lo suficiente, está estresada y con exceso de trabajo o si no come suficientes nutrientes (Hacha, Dr., 2019).

Medicina ayurvédica y sus beneficios

Ansiedad y presión reducidas por el estrés: el estrés se puede conectar a casi todas las facetas de nuestra salud. Un profesional de la medicina ayurvédica puede utilizar varias técnicas que abordan los síntomas de depresión, estrés y ansiedad, reducen el cortisol y aportan equilibrio a la estructura hormonal del cuerpo. Las técnicas consisten en la práctica de yoga, ejercicios de respiración, meditación, el cepillado de la piel, tratamientos a base de hierbas, ejercicios de visualización o la repetición de mantras.

Se ha descubierto a través de varios estudios que la práctica de la meditación trascendental, conocida como Maharishi y un brazo del Ayurveda, reduce la ansiedad a través del hábito continuo. Además, las secuencias de diferentes ejercicios de respiración, Pranayama, ayudan de manera similar a tener una mejor energía, calmar los nervios, mejorar la función hormonal y lograr un sueño más reparador. Además, si bien el yoga no siempre se incluye en el plan de recuperación de un individuo, puede ofrecer beneficios bien conocidos para reducir la presión del estrés.

El yoga es una opción efectiva y económica para que las personas practiquen. Se está intentando descubrir una terapia que no sea farmacológica para aliviar el dolor, la ansiedad y el estrés durante varias décadas. Se descubrió que después de revisar más de 35 ensayos realizados en Massachusetts por el Centro Médico St. Elizabeth que rastrearon el yoga y sus efectos, los hallazgos en 25 de los ensayos mostraron una mejora notable en las indicaciones de ansiedad y estrés. Además, de los 35 hallazgos, catorce mostraron mejoras en los marcadores biológicos de ansiedad y estrés. También se ha descubierto que las personas diagnosticadas con cáncer pueden combatir eficazmente el daño de los radicales libres y beneficiarse físicamente al practicar yoga.

La presión arterial y el colesterol pueden reducirse: los estudios han indicado que las técnicas de relajación y la dieta Ayurveda pueden disminuir la inflamación y ayudar a reducir la acumulación de placa, así como revertir la aterosclerosis, una enfermedad en la que se forman grasas del colesterol y diversas materias en la arteria interna. Las sustancias se acumulan en el revestimiento interno de una arteria, lo que puede crear un ataque cardíaco o un derrame cerebral. Las técnicas de Ayurveda pueden disminuir naturalmente la presión arterial y el colesterol.

Recuperación de dolencias: hay investigaciones que respaldan los conceptos curativos del Ayurveda. Centrándose en la causa de las enfermedades, que es la inflamación, los tratamientos ayurvédicos pueden mejorar el flujo sanguíneo, disminuir la hinchazón y el dolor, combatir la artritis, la fibromialgia y las afecciones inflamatorias graves, así como recetar medicamentos y fármacos.

Un estudio publicado en 2011 descubrió una comparación de medicamentos recetados, conocidos como MTX (metotrexato), con un tratamiento de medicina ayurvédica en un ensayo aleatorio que fue doblemente ciego. Todos los grupos involucrados en el estudio de 36 semanas fueron similares en los indicadores curativos de la artritis reumatoide adulta. Además, los efectos molestos fueron menores en los grupos que se asignaron al grupo solo con el tratamiento ayurvédico. Este grupo había experimentado un progreso sustancial con sus síntomas sin resultados o efectos adversos.

El Ayurveda es particularmente beneficioso en la desintoxicación. Esto se logra mediante el uso de varias hierbas, comiendo saludablemente, bebiendo tés y descansando lo suficiente. Además, las prácticas específicas aumentan la función hepática y la circulación. Esto se puede lograr con Abhyanga, la aplicación de hierbas o aceites en el cuerpo y frotándolos para amplificar la circulación y extraer toxinas del cuerpo. Otra práctica que se puede recomendar es el uso de diferentes hierbas que reducen el cortisol, como la albahaca sagrada.

Dieta enriquecida con antioxidantes: El Ayurveda es compatible con una dieta basada en plantas con una gran variedad de alimentos saludables. Si bien las dietas descansan en sus necesidades, las dietas para los diferentes tipos de cuerpo están compuestas por vegetales, proteínas, tés y alimentos con alto contenido de antioxidantes.

Las pautas para las dietas ayurvédicas enfatizan el consumo de alimentos calientes y saludables que se digieren fácilmente, al mismo tiempo que se consideran varias variantes que dependen de la ascendencia, las tradiciones y las costumbres de alguien. Como ejemplo, un profesional considerará las variables geográficas, sociales y de clima cuando recomiende una dieta equilibrada para cada tipo de cuerpo.

La desintoxicación y el enfriamiento de los alimentos fermentados es una práctica común en las zonas costeras. Se recomiendan alimentos probióticos para ayudar a la regulación de la temperatura, así como a la digestión. En otras partes del país, y en épocas más frías del año, se enfatizan los alimentos calientes y grasos que son saludables para promover una mejor circulación y calentar el cuerpo.

Ayuda con la reducción y el mantenimiento del peso: el objetivo principal de la medicina ayurvédica no es su objetivo más importante, pero practicar el Ayurveda puede ayudar a perder peso al comer alimentos saludables, disminuir la presión del estrés y la ansiedad, y usar aceites para perder peso de forma natural y no inducido por pastillas o productos químicos. Un estudio de 2009 mostró que cambiar la dieta saludable centrada en las necesidades y preferencias alimentarias ayudaba a quienes participaban en la pérdida de peso de manera efectiva. Este resultado probablemente se deba a que el Ayurveda apoya una dieta que debería ser realista, fácil de seguir y que promueve el equilibrio.

Hubo 200 personas involucradas en el estudio: las personas que eran vatta y tenían tipos de cuerpo delgado representaban el 27 por ciento, las personas que tenían tipos de cuerpo medio eran pitta con el 41.5 por ciento, y los tipos de kapha de cuerpo más grande tenían el 31 por ciento. Al comienzo del estudio, las personas pitta y kapha eran más pesadas que las vattas. Tres meses después de seguir los programas prescritos, el grupo pitta perdió más peso. Las mediciones totales que se redujeron fueron mayores en las personas kapha y pitta que en los individuos vatta. Las dietas se basaron en la constitución ayurvédica y mostraron una pérdida de peso de apoyo para aquellos que necesitaban perderlo (Hacha, Dr., 2019).

Reduce la inflamación: la teoría de la medicina ayurvédica es una mezcla de mala digestión, una dieta poco saludable, falta de sueño suficiente y aire inhalado inadecuado, que es la causa de la inflamación y el estrés oxidativo que produce un desequilibrio del metabolismo.

La curación con el Ayurveda se enfoca en buscar varias formas de disminuir la inflamación con expectativas de ajustar y normalizar el corazón y la circulación, la digestión y el método para eliminar los desechos del cuerpo. Al ocuparse de muchos problemas, además de las intolerancias alimentarias, el estrés, la deficiencia de nutrientes y la sobre estimulación de una persona, las personas sienten una inflamación reducida y una mayor curación y energía (Hacha, Dr., 2019).

Los investigadores descubrieron uno de los beneficios del Ayurveda, que era la convicción de que una sola hierba o droga no puede tratar o curar el desequilibrio para todos. Los practicantes generalmente aconsejan una mezcla de alimentos básicos, así como varias hierbas y plantas para tratar diversas dolencias inflamatorias. Un ejemplo es la formulación herbal de los beneficios de combinar la cúrcuma con pimienta negra, una antigua recomendación antiinflamatoria.

Los estudios han encontrado que esta mezcla de cúrcuma y pimienta negra combinadas aumenta la velocidad de curación y reduce la toxicidad. Ahora se descubre que la curcumina, que es el ingrediente activo de la cúrcuma, aumenta el componente activo piperina, que se encuentra en la pimienta negra, al evitar la glucuronidación de la curcumina (Hacha, Dr., 2019).

El equilibrio hormonal: durante miles de años, las personas usaron el Ayurveda para adquirir el equilibrio hormonal, concebir de forma natural y tener un ciclo menstrual saludable o embarazo. Durante la edad reproductiva en las mujeres, el tratamiento del síndrome de ovario poliquístico (PCOS), que es un trastorno endocrino común que resulta de la resistencia a la insulina y el desequilibrio de las hormonas, ha demostrado que varios efectos curativos ayurvédicos son efectivos para ayudar a tratar la subfertilidad. Esto se ha demostrado en estudios sobre este tema.

Se ha descubierto que el uso de aceites esenciales variados para equilibrar los tratamientos a base de hierbas, las hormonas y los cambios en las rutinas, durante un período de seis meses y diariamente, y los resultados fueron que la mayoría de las mujeres que participaron en el estudio lograron curarse de PCOS, y el 75 por ciento de las mujeres pudo concebir naturalmente.

Además, las mujeres que tuvieron períodos ausentes o irregulares, así como la menstruación o la infrecuencia de la ovulación, múltiples folículos inmaduros, crecimiento de vello corporal y vello facial excesivo (debido al aumento de las hormonas masculinas), cabello adelgazado y síntomas del síndrome premenstrual (incluyendo grasa piel y acné) han sido ayudadas por los tratamientos del Ayurveda.

Descubra su dosha: responda el cuestionario de dosha.

El cuestionario de dosha determina qué dosha es su energía más prominente. Todos somos una combinación de los tres doshas, pero uno emergerá para ser el tipo más dominante. Proporciona un desglose ayurvédico de su tipo mente-cuerpo para aumentar su salud y bienestar.

CUESTIONARIO DE DOSHA

CLAVE:

5 - Es más como yo

3 - Es casi como yo

1 - Raramente es como yo

Ejemplo:

Vata - 3

Pitta - 5

Kapha - 1

Total = 9

CARACTERISTICAS	VATA	PITTA	KAPHA	TOTAL
CUADRO	Soy delgado, larguirucho y delgado. Tengo músculos delgados.	Soy de constitución mediana con desarrollo muscular.	Tengo una construcción grande, robusta o redonda y un marco ancho o grueso.	
PESO	Puedo olvidar comer o tender a perder peso - Bajo.	Gano o pierdo peso fácilmente si me concentro en hacerlo.	Aumento de peso muy fácilmente y me cuesta mucho perderlo.	
Ojos	Mis ojos son activos y pequeños.	Mis ojos dan una mirada penetrante.	Mis ojos son grandes y cálidos.	
TEZ	Mi piel es seca, delgada o áspera.	Mi piel tiene un color rojizo y se irrita fácilmente.	Mi piel es húmeda, gruesa y suave.	
CABELLO	Mi cabello es rizado o quebradizo y seco.	Mi cabello está fino y se adelgaza o se pone gris temprano.	Mi cabello es grueso, abundante y graso.	

ARTICULACIONES	Tengo articulaciones prominentes y delgadas, y algunas veces se rompen	Tengo articulaciones flexibles y fluidas.	Tengo articulaciones bien tejidas, grandes y acolchadas.
DORMIR	Sueño ligero que se despierta fácilmente.	Dormir moderadamente y sentirse descansado necesita menos de ocho horas.	Duerme largo y profundo y despierta lentamente por la mañana.
TEMPERATURA CORPORAL	Me gustan los ambientes cálidos: mis manos y pies suelen estar fríos	Me gustan los ambientes más fríos: por lo general, tengo calor sin importar la temporada	Puedo adaptarme a la mayoría de las temperaturas, pero no me gustan los días húmedos y fríos
TEMPERAMENTO	Me gusta el cambio, y mi naturaleza es entusiasta y viva.	Me gusta convencer, soy decidida e intensa.	Me gusta apoyar, aceptar y soy tolerante
BAJO ESTRÉS	Me preocupo y / o estoy ansioso	Me vuelvo agresivo y / o irritable.	Me vuelvo solitario y / o remoto
TOTAL	______ Vata Total	___Pitta Total	____Kapha Total

El total para cada característica es 9. Coloque el número 5 más alto en el cuadro que más se parece a usted y el número 1 más bajo en el cuadro que menos lo describe. En el cuadro restante que lo describe un poco, coloque el número 3. El dosha que obtiene el número más alto es su dosha dominante.

Cuando determina su dosha dominante, puede ajustar todos los elementos ayurvédicos según su tipo de cuerpo. Esto llevará su cuerpo a un mejor equilibrio. Con una dieta más específica, la capacidad de reducir su nivel de estrés y hacer ejercicio con yoga y otras actividades que incorpore, es posible perder peso.

El Ayurveda no solo rejuvenece y renueva, sino que cuando adopta la práctica, abre un estilo de vida completo que le traerá salud, calma, paz y equilibrio.

Capítulo 3: Estilo de vida ayurvédico

El Ayurveda es más que solo asistir a una clase de yoga, meditar o usar aceites aromáticos en ocasiones. Es todo eso y más. El Ayurveda es un estilo de vida. Es todas estas cosas, incorporadas seriamente en su vida. La mezcla de mente-cuerpo-espíritu como una unidad equilibrada dentro de nosotros es de lo que realmente se trata practicar el Ayurveda.

Este capítulo cubrirá muchas facetas de cómo el incorporar el Ayurveda en su vida traerá equilibrio y cambio.

Sin embargo, hay algunos mitos y conceptos erróneos sobre el Ayurveda y la medicina ayurvédica que han envuelto esta práctica en misterio, mitos y falsedades engañosas. Abordemos los conceptos erróneos y mitos que se aplican con mayor frecuencia al Ayurveda. Aprender sobre ellos y disipar cualquier duda que uno pueda tener es la mejor manera de tener un enfoque claro e informado para la práctica del Ayurveda.

El Ayurveda es un sistema obsoleto y desactualizado. La idea de que el Ayurveda es obsoleto y desactualizado parece surgir de las mentes de las generaciones desinformadas y/o más jóvenes. Durante los últimos 5.000 años, el Ayurveda ha existido y se sigue practicando hoy en día debido a su utilidad. Si la medicina ayurvédica no se hubiera encontrado efectiva, este sistema no habría durado. Es una forma de medicina que está bien registrada. Las investigaciones y los ensayos clínicos se realizaron con remedios ayurvédicos. Se diagnosticaron enfermedades y se registraron y detallaron a fondo datos sobre hierbas, minerales y alimentos. Uno de los primeros cirujanos del mundo, Sushrata, el antiguo médico indio, era muy conocido y practicaba la medicina ayurvédica en el año 600 a. C.

La práctica del Ayurveda disminuyó alrededor de 1200 EC a 1800 EC. La razón de su declive se debió a que los afganos invadieron la India y luego fueron asumidos por los británicos que desterraron la práctica del Ayurveda y forzaron el uso de la medicina occidental.

Hoy, con el aumento de los estilos de vida holísticos, la alimentación natural, saludable y la espiritualidad despierta, el Ayurveda ha emergido en su popularidad en todo el mundo (Allayurveda, 2016).

Los tratamientos y remedios del Ayurveda son inofensivos: cuando se toman las dosis prescritas y correctas de la medicina ayurvédica, los medicamentos son inofensivos. Sin embargo, cuando se ingiere la dosis incorrecta de tratamiento o la combinación de una dosis incorrecta, pueden surgir problemas. Como ejemplo, los medicamentos que usan guggul, una preparación a base de hierbas utilizada para ayudar a reducir el colesterol en suero, pueden provocar acidez, especialmente si se toman con el estómago vacío. Se recomienda tomar tales tratamientos solo después de comer y con leche. Al igual que con cualquier otro medicamento, cualquier medicamento y tratamiento ayurvédico debe usarse con la supervisión de un médico ayurvédico calificado para recetarlos (Allayurveda, 2016).

Los médicos que practican la medicina ayurvédica no están calificados: los médicos que practican la medicina ayurvédica deben tener títulos formales antes de poder comenzar a practicar. Los médicos pasan cuatro años y medio de entrenamiento disciplinado e intenso para obtener el título de Ayurveda BAMS en las ocho ramas del Ayurveda.

Después de completar sus estudios, los practicantes deben completar una estancia de prácticas obligatorias por un año. Luego pueden continuar tomando sus cursos de posgrado para especializarse en cada rama si así lo desean (Allayurveda, 2016).

Las ocho ramas del Ayurveda son:

La medicina interna Kayachikitsa

Las enfermedades sobre el hombro Shalakya

La cirugía Shalyachikitsa

La psiquiatría Bhutavidya

La toxicología Agadatantram

El rejuvenecimiento Rasayanam

La pediatría Kaumarabhrutyam

Los afrodisíacos Vajikaranam

El Ayurveda no es una ciencia auténtica o legítima: el Ayurveda es una ciencia basada en remedios naturales y preparaciones a base de hierbas. Los elementos de la naturaleza constituyen nuestro cuerpo, y cuando cualquiera de estos elementos en nuestro cuerpo físico aumenta o se reduce, conduce a la materialización de diversas enfermedades. Esto es lo que el Ayurveda cree, y cuando se restablece la salud, es el equilibrio de los elementos del cuerpo lo que trata el Ayurveda.

Los tratamientos de la medicina ayurvédica no son efectivos: algunos tratamientos ayurvédicos muestran sus efectos muy rápidamente, mientras que otros medicamentos y tratamientos actúan de manera constante, pero los resultados son más lentos.

Estos tipos de tratamiento aseguran que los órganos y tejidos del cuerpo no se dañen durante el proceso de remediar o terminar la enfermedad. La causa raíz de la enfermedad se libera lentamente del cuerpo a fondo, a diferencia de muchos tratamientos patológicos occidentales que tratan los síntomas en lugar de la raíz de la enfermedad, y en el proceso causan efectos secundarios que pueden ser más dañinos y perjudiciales para otras partes del cuerpo que la enfermedad misma. Este es un mito que generalmente surge cuando una persona considera que los tratamientos están tomando más tiempo de lo esperado (Allayurveda, 2016).

El Ayurveda no se puede usar para todo tipo de enfermedades: cuanto antes se detecte una enfermedad, más rápido y fácil será el tratamiento. Todos los sistemas medicinales pueden tratar y curar enfermedades que se detectan lo antes posible.

El Ayurveda puede tratar ciertos tipos de enfermedades graves, como el Parkinson y la diabetes, así como un resfriado común. Las personas recurren al tratamiento ayurvédico después de tomar la ruta medicinal convencional, usando drogas que pueden tener efectos opuestos de los síntomas. Cuando las personas buscan tratamiento ayurvédico, la enfermedad ha progresado a una etapa avanzada o pueden haberse desarrollado complicaciones, por lo que, naturalmente, el tratamiento ayurvédico tardaría más tiempo en mostrar signos positivos de que la enfermedad está curada.

El Ayurveda solo usa hierbas: el Ayurveda integra hierbas con elementos como miel, leche, mantequilla, manteca (mantequilla clarificada), sal y minerales en muchos de sus remedios. No todos los remedios o productos herbales son ayurvédicos. Además, el Ayurveda ofrece ejercicios de yoga y masajes (abhyanga) como recetas combinadas con tratamientos medicinales.

El Ayurveda es difícil, costoso y requiere mucho tiempo: el Ayurveda no es ninguno de los anteriores. Si está pensando que tomar una clase de yoga es difícil y costoso, no lo es. Si usted puede estirarse, puede hacer yoga. Hay muchas formas de yoga, y algunas son suaves como el Hatha Yoga, una de las formas de yoga que se consideran buenas para los principiantes. Es posible que desee tomar algunas clases para obtener la mejor instrucción sobre sus poses y sentirse cómodo con la sensación y la realización del ejercicio. Luego puede comprar uno o dos DVD de yoga para practicar en casa.

Comprar uno o dos DVD de yoga elimina los tres argumentos: hay formas de yoga en ellos que no son difíciles de realizar, y practicar yoga en casa elimina el costo de las clases y se puede hacer a su conveniencia para que pueda adaptarse a su rutina.

Solo se trata de Spa y Masaje: el Ayurveda no se trata solo de esto, es la práctica de sincronizar la mente, el cuerpo y el espíritu.

Saber cuál es su dosha y cómo se alimenta mejor, practicar yoga, recibir un masaje, meditar y usar aromaterapia son todas las formas de cuidar su mente, cuerpo y espíritu, y lograr el equilibrio que es el objetivo de practicar el Ayurveda.

No somos seres perfectos, y estar en perfecto equilibrio es algo por lo que se lucha en el Ayurveda. Nos ayuda a enfrentar el mundo cada día y es una forma de amarnos a nosotros mismos. Cuando hacemos eso, no solo nos beneficiamos, sino que todos los que nos rodean también se benefician.

Es solo para vegetarianos: el Ayurveda no está en contra de la comida no vegetariana. En algunos casos, los medicamentos están hechos de carne. Aunque no defiende la carne, se aplican las ideologías ayurvédicas y las carnes, si es necesario, se pueden utilizar para reconstruir la salud de acuerdo con sus beneficios y propiedades para el cuerpo humano (Panse, Dr. Rupali, 2018).

Ayurveda ha categorizado todas las cosas comestibles en la Tierra de manera integral en comparación con cómo otras ciencias podrían haberlas clasificado. Hay una gran categorización de animales, reptiles, aves, animales acuáticos, etc., y hasta el más mínimo detalle de estos animales, desde peces hasta pavos reales, rinocerontes y conejos, se tiene en cuenta en la categorización.

En otras palabras, el Ayurveda ha clasificado todas las formas de vida que son comestibles y todas sus propiedades. Esto incluye pescado, pollo, cerdo, carne de res y todos los demás tipos de carnes. Se recomienda tener cuidado con la forma en que se prepara la carne. Hay más sobre este tema en el capítulo 4 que cubre los alimentos y la dieta ayurvédica.

Mejore su salud con las prácticas ayurvédicas

Muchas prácticas ayurvédicas ayudan a equilibrar su dosha. Comer una dieta equilibrada y asociada con una rutina diaria de ejercicio es crucial para mantener un cuerpo y una mente saludables. Las antiguas enseñanzas del Ayurveda también tienen algunas otras prácticas que pueden ayudar con la pérdida de peso, la desintoxicación y la mejora de la conexión de su mente, cuerpo y espíritu.

La meditación: la meditación puede incluir estar atento a su respiración, a la meditación en movimiento o al yoga. Se cubrirá más información sobre la meditación en el capítulo 8.

Ejercicios de respiración (Pranayama): para limpiar los pulmones de dióxido de carbono y aumentar la ingesta de oxígeno, la respiración diafragmática profunda proporciona al cuerpo una energía más fundamental. Para masajear sus órganos internos y promover la digestión, la respiración profunda del abdomen estimula el metabolismo y apoya el peristaltismo, la constricción y la relajación de los músculos intestinales.

Una técnica de respiración que usted puede intentar realizar es el Kapalabhati, usando sus músculos abdominales para jalar su estómago y luego exhalar con fuerza. Esto puede aumentar la fuerza del fuego digestivo o Agni y también puede ejercitar su abdomen.

La práctica de la sudoración o Swedana: su piel es el mayor órgano de desintoxicación. La sudoración ayuda a aumentar la circulación y elimina el exceso de agua del cuerpo. Los poros están abiertos al calor y se agrandan, permitiendo que las glándulas sudoríparas liberen impurezas del cuerpo.

El maravilloso tratamiento de spa ayurvédico se llama Swedana. El tratamiento también incluye un masaje con aceite para todo el cuerpo seguido de vapor. Las toxinas en su cuerpo se movilizan y luego se liberan a través de los poros (O'Connor, 2018).

Haga de la hora del almuerzo su comida más importante: la creencia de que el Ayurveda enseña es que el fuego digestivo alcanza su punto máximo cuando el sol alcanza su punto más alto, aproximadamente de 12 del mediodía a 1 p. m. Esto no significa que consuma todo lo que pueda, pero un desayuno y una cena ligeros se digieren más fácilmente.

Absténgase de comer mientras se siente emocional: si está absorto en sentimientos que lo hacen sentir emocional, es probable que esté distraído y realmente no vea o preste atención a lo que está comiendo. En momentos como estos, es probable que tenga una mala elección de comidas, comer en exceso, sentir insatisfacción después de una comida y sufrir una mala digestión. Dedique algo de tiempo a que estos sentimientos disminuyan antes de comer.

Respirar profundamente e imaginar que cada vez que exhala, libera los sentimientos emocionales y los deja pasar, le ayudará a sentirse más centrado y más claro. Continúe y repita hasta que pasen los sentimientos. Luego disfrute de una comida.

No se apresure a comer: el primer paso en el proceso de digerir los alimentos es masticar. Las enzimas digestivas producidas por las glándulas salivales ayudan a descomponer los alimentos mientras mastica. Masticar lentamente y por períodos más largos le da tiempo a su estómago para enviar una señal a su cerebro, diciéndole que está lleno. Esto ayuda en la prevención de comer en exceso.

Intente masticar su comida hasta que esté casi licuada antes de tragarla.

Coma comidas en silencio: esto no quiere decir que debe comer todas las comidas en silencio sin conversar, sino que ocasionalmente intente comer en silencio. Descubrirá que aprecia su comida y la saborea más, y estará atento cuando su cuerpo le indique que ha comido lo suficiente y que está lleno. Esto evita comer más de lo necesario (O'Connor, 2018).

Agua tibia y té de jengibre: beber agua fría puede dificultar las funciones del sistema digestivo. Beber una cantidad suficiente de agua tibia o caliente y té de jengibre durante el día, así como con las comidas, ayudará con la digestión.

Reír a carcajadas

Los estudios de la Clínica Mayo dicen que cuando se ríe, se estimula la circulación sanguínea, se liberan endorfinas y se promueve la relajación. Diviértase realmente: mire una comedia especial o una película, cuente chistes, lea un artículo divertido y ríase de sí mismo también.

Beneficios de practicar Ayurveda – Yoga y meditación

Las personas de todo el mundo practican el Ayurveda incorporando muchos de sus aspectos en sus vidas. Muchos lo practican por diferentes razones: para ser uno con su fe con el yoga, para escapar del mundo frenético que es su vida, siempre saturada y que lo abarca todo, o lidiar con el dolor de perder a un ser querido. Las personas encuentran un espacio para estar tranquilas cuando practican yoga o meditan.

Millones de personas desconocidas y muy conocidas meditan, usan la práctica del yoga y otra forma del Ayurveda. Aquí hay algunas celebridades que han hecho de la meditación y el yoga una parte de su vida diaria:

Christy Turlington Burns, una de las mejores supermodelos de los 90 y ahora documentalista, comenzó a practicar yoga a la edad de dieciocho años y luego fue introducida en otras facetas del Ayurveda para encontrar el equilibrio. Comenzó su carrera de modelo a los catorce años de edad trabajando después de la escuela y durante sus vacaciones de verano. Se mudó a la ciudad de Nueva York después de cumplir dieciocho años para modelar a tiempo completo y graduarse de la escuela secundaria.

Turlington continúa su práctica de yoga, en particular, un tipo de yoga conocido como Jivamukti, una práctica ética, física y espiritual. Practica tres veces a la semana por la mañana y le da crédito a la práctica por aliviar el dolor del parto natural y la cercanía que siente con su fe católica.

Turlington es autora del libro Living Yoga: Creando una práctica de vida (Omblabla, 2018

Puede que **Novak Djokovic** no sea un nombre familiar para algunos, pero aquellos que juegan al tenis o son espectadores entusiastas, conocen bien al tenista profesional. Originario de Serbia, Djokovic está actualmente en el puesto número 1 del mundo en el tenis individual masculino según la Asociación de Profesionales del Tenis (ATP) (Wikipedia, 2019).

Djokovic es muy consciente de las presiones de no estar en la cima de su juego, y cada vez que compite, tiene la capacidad y el talento para permanecer en la cima. Hay una enorme cantidad de estrés y presión, por lo que Djokovic medita para reducirlo un poco. "Necesita tener un lugar tranquilo donde pueda apagar y recargar las baterías. Solo puedo decir que es... muy tranquilo y muy hermoso... donde me gusta pasar tiempo" dice Novak Djokovic (Singh, 2017).

Oprah Winfrey ha usado muchos sombreros en su vida. Comenzó su carrera en televisión, primero como presentadora de noticias en el aire, luego lideró y produjo su propio programa de entrevistas. Ha actuado y producido muchas películas galardonadas, ha sido productora de televisión para los programas Dr. Phil, Rachel Ray y Dr. Oz, y es filántropa, conocida por su generosidad con muchas organizaciones y el establecimiento de Oprah Winfrey, Academia de Liderazgo para Niñas en Henley on Klip, en Sudáfrica. Winfrey también se unió a Deepak Chopra para patrocinar el Día de Desafío de Meditación de 21 días.

Winfrey, cuyo dosha es Kapha, se permite una buena cantidad de tiempo de tranquilidad al menos una o dos veces al día. Medita durante veinte minutos por la mañana y veinte minutos más por la tarde. Winfrey cree que toda su paz y expresión creativa proviene de sus meditaciones diarias. La práctica ha sido de ayuda para conectarse con su centro espiritual y comprender su momento de destino. Winfrey introdujo la meditación a su personal de Harpo Studios. Cada mañana a las 9 a. m. y cada tarde a las 4:30 p. m., la compañía se detiene y medita. En su día extremadamente ocupado, encuentra la experiencia de la calma del tranquilo espacio de meditación que puede ayudar a crear el mejor ambiente de trabajo y la mejor vida (Singh, 2017) (Dyson, Tracy, 2015).

Robert Downey, Jr. es un hombre que se ha recuperado de adicciones extremas con la ayuda del yoga. Trabaja con uno de los yoguis conocidos de Los Ángeles, Vinnie Marino. Downey practica el yoga Power Flow y siente que cada sesión le da la sensación de ser reflexivo y tranquilo. Ha encontrado su equilibrio espiritual en el yoga.

Michelle Williams no solo practica yoga, sino que también cofundó el proyecto The Yoga for Single Moms Project. El proyecto proporciona un lugar para que las mujeres asistan a una clase de yoga y tiene guarderías separadas para los niños. Williams recurrió a la meditación y al yoga en busca de ayuda espiritual después de la muerte de su ex pareja, Heath Ledger, el padre de su hija, Matilda (Do You Yoga, 2019).

Russell Brand es otro hombre de las triples adicciones a las drogas, el sexo y el alcohol que se convirtió en parte de su vida después de alcanzar el estrellato. Ahora sobrio de todas sus adicciones, considera que la meditación es la herramienta para encontrar un estado de felicidad más profunda y mantenerlo sobrio. Hoy, Brand enseña una clase de yoga Kundalini y hace que otras celebridades se unan a él, por ejemplo, Rumer Willis y su madre, Demi Moore (Dyson, Tracy, 2015).

Tina Turner siempre ha acreditado su práctica de meditación por ayudarla a tener la fuerza para abandonar su matrimonio abusivo con Ike Turner. Su vida después de dejarlo fue una especie de lucha financiera tras asumir la responsabilidad por el incumplimiento contractual del contrato incurrido por la cancelación de su gira, así como un embargo preventivo contra ellos del IRS.

Turner se ha vuelto a casar ahora y reside en Suiza. Ella continúa meditando diariamente y ha grabado álbumes dedicados a oraciones y cantos que se basan en su práctica de meditación (Dyson, Tracy, 2015).

Orlando Bloom, quien es un Vata dosha, medita diariamente para ayudarlo a mantenerse alejado de los caminos en Hollywood que pueden ser destructivos. Hasta ahora, ha tenido mucho éxito al esquivar las muchas tentaciones que existen en Hollywood; Bloom medita para encontrar fuerza y paz (Dyson, Tracy, 2015).

Katy Perry recurrió al yoga y la meditación para lidiar con la ruptura de su matrimonio con Russell Brand. Unos meses después de concluir su divorcio, Perry se unió a un grupo de meditación y dijo que le cambió la vida. Perry continúa practicando yoga y medita diariamente (Do You Yoga, 2019).

El Ayurveda es el sistema médico más antiguo, pero ha tenido muchos mitos y conceptos erróneos. Sin embargo, es una ciencia real: los médicos que practican la medicina ayurvédica están bien entrenados, al igual que los médicos que practican la medicina occidental.

Millones de personas en todo el mundo practican el Ayurveda por muchas razones diferentes. Algunos practican meditando y haciendo yoga para encontrar la paz en una carrera agitada y exigente, o para encontrar consuelo por el dolor que sufren debido a la pérdida de un ser querido o una relación. Otros practican por su salud, todos practican por su bienestar.

El Ayurveda es sobre el equilibrio de la mente, el cuerpo y el espíritu. Se trata de cómo se alimenta y trata el cuerpo y cómo el yoga y la meditación cuidan la mente y el espíritu. Cuando usted practica el Ayurveda, está haciendo lo mejor para todo su ser. Comience a seguir y comprender los principios que ha aprendido en este capítulo, y comenzará a notar los cambios positivos que vienen con la práctica del Ayurveda.

Capítulo 4: Dieta ayurvédica: qué comer y los efectos de una dieta ayurvédica

La dieta ayurvédica es un sistema de bienestar que se remonta a miles de años. La dieta y sus prácticas de estilo de vida pueden ayudar a mejorar la salud. La dieta es un plan/guía para los alimentos que consume y cómo evitar o controlar enfermedades, mejorar su salud y mantener su bienestar. Si come siguiendo una dieta ayurvédica, consumirá principalmente alimentos frescos enteros o alimentos mínimamente procesados, y practicará rituales de alimentación.

Los principios de la alimentación ayurvédica

Integrará muchas rutinas diferentes en su programa de alimentación si sigue una dieta ayurvédica. Algunas prácticas alimenticias incluyen:

Seis sabores o rasas: para cada comida, incorporará alimentos que sean dulces, salados, agrios, amargos y picantes. Comenzará su comida con el dulce sabor de una fruta, luego comerá alimentos salados como mariscos y cítricos agrios como una naranja. Para terminar la comida, comerá alimentos como pimientos o cebollas que son picantes y astringentes como manzanas verdes o té, y finalmente vegetales de hoja verde para la porción amarga de la comida.

- Concéntrese en comer. Evite distracciones como hablar o reír. Concéntrese en su comida para apreciarla plenamente y los beneficios que obtiene de la comida.
- Saboree el sabor de la comida y coma despacio.
- No permita que la comida caliente se enfríe. Coma lo suficientemente rápido como para evitar que eso suceda, pero no demasiado rápido como para tener indigestión.
- Preste atención a sus señales de hambre, para que no coma en exceso. Coma la cantidad correcta de comida.
- Solo coma cuando la carne que comió previamente se haya digerido. Las pautas ayurvédicas recomiendan no comer dentro de las tres horas de su última merienda o comida y no quedarse sin comer durante más de seis horas. Además, los practicantes sugieren comer un desayuno ligero y tener un almuerzo abundante y satisfactorio. Puede cenar o quizás no según su nivel de hambre (Frey, 2018).

Está comiendo según su dosha dominante. El punto principal de seguir esta dieta es que usted come la dieta que se recomienda para su dosha. Su dosha dominante es su energía predominante. Los doshas en el Ayurveda se derivan de cinco elementos: espacio, aire, agua, fuego y tierra, que proporcionan varias características:

- Vata / aire y espacio: los vatas se definen como intensos y creativos. Las propiedades incluyen ligero, seco, áspero y frío.
- Pitta / fuego y agua: los pittas se definen como alegres, inteligentes y motivados. Las propiedades incluyen caliente, fuerte, móvil y líquido.

- Kapha / tierra y agua: los kaphas se definen como amorosos, tranquilos o lentos. Las propiedades incluyen densos, cedentes, húmedos e inmutables.

Después de leer las definiciones de los doshas, puede sentir que un dosha se parece más a los atributos que simboliza. Muchas veces, las personas descubren que tienen doshas casi igualmente fuertes. Los practicantes del estilo de vida ayurvédico sienten que cada uno de nosotros representa los tres doshas. El dosha prominente es el que determina qué y cómo se come (Frey, 2018).

Comenzando a comer de acuerdo a su Dosha

Antes de comenzar una dieta ayurvédica, podría ser una buena idea pasar tiempo buscando y aprendiendo sobre su dosha dominante. Hay varias formas de hacerlo:

Busque un médico ayurvédico

Los expertos sugieren que la mejor manera de comenzar su dieta es visitar a un médico ayurvédico. Aunque hay diferentes maneras de encontrar su dosha, un médico ayurvédico lo ayudará a determinar la mejor opción de hierbas y alimentos y abordará cualquier inquietud médica en la que desee centrarse. La combinación correcta de alimentos para que su dosha sea equilibrado permitirá que la dieta sea más efectiva.

Recuerde, un médico ayurvédico que reside en los Estados Unidos puede no ser un médico con licencia. La mayoría de los médicos ayurvédicos se han graduado en medicina naturista en la India. Hay algunas escuelas de Ayurveda, según los Institutos Nacionales de Salud (NIH).

El NIH brinda orientación para elegir un proveedor de atención complementaria. Además, se recomienda que hable con su profesional de la salud sobre el uso del Ayurveda como práctica de salud.

Si puede reunirse con un médico ayurvédico, evaluarán cuál es su dosha en función de la entrevista y la información que proporcione. Esta es probablemente la mejor y más precisa forma de encontrar su dosha.

Encontrar su Dosha en línea

Existen numerosos sitios web en línea con cuestionarios que lo ayudan a descubrir su dosha. Sin embargo, los cuestionarios no siempre reflejan la precisión.

Un estudio descubrió que los cuestionarios que se administraron para encontrar el tipo dosha de una persona arrojaron resultados inconsistentes y variados. Los investigadores escribieron: "Es probable que los resultados de tres doshas al mismo tiempo para el mismo sujeto en las mismas condiciones puedan ser diferentes" (Frey, 2018).

Por lo tanto, encontrar su dosha es subjetivo y no se basa en datos objetivos como un análisis de orina o de sangre. Sin embargo, si visita a un médico ayurvédico, puede ser exacto.

¿Qué significa esto? Esto significa que probablemente descubrirá que su dosha es una combinación de más de un tipo, lo cual no es inusual. Somos una combinación de ADN diferente, por lo que no es sorprendente que nuestro dosha sea también una combinación. Puede encontrar la necesidad de algunos ajustes para encontrar su saldo.

Comer los alimentos adecuados para su Dosha

Una vez que haya encontrado su dosha predominante, puede crear comidas con los alimentos que equilibran su energía y nutren su cuerpo. Hay guías más extensas para comer basadas en su tipo de dosha en los sitios web. Un sitio web es el Instituto Ayurveda (www.ayurveda.com). También puede ver algunos sitios de organizaciones específicamente para cada dosha.

o Alimentos para comer para Vata: cerezas dulces y cocidas y manzanas; verduras como remolacha y espárragos; arroz y quinoa; lentejas rojas; huevos; carne de res y pescado; productos lácteos; hojas de cilantro; pimienta negra; vinagre, nueces y cacahuetes; semillas de lino o chia; vino blanco y cerveza; ghee y aceite de sésamo.

o Alimentos a evitar para Vata: sandía y manzanas crudas; verduras crudas, congeladas y secas; cebada, garbanzos, arvejas, maíz y papas; cordero y pavo; yogur; chocolate; y vino tinto (Frey, 2018).

o Alimentos para comer para Pitta: sandía y coco; pasas; vegetales amargos o dulces como la coliflor y el brócoli; pastas; cereal seco; mantequilla sin sal; frijoles; carne blanca; almendras; claras de huevo; y vino blanco y cerveza.

o Alimentos a evitar para Pitta: albaricoques, aguacate, puerros crudos, espinacas y cebollas; pan con levadura; mantequilla salada; ají picante; crea agria; salsa de soja; carne oscura de pollo y carne de res; chocolate; y vino dulce y vino tinto (Frey, 2018).

o Alimentos para comer para Kapha: ciruelas pasas, apio y zanahorias; disparate; polenta; granola; frijoles, incluida lima; queso cottage; suero de la leche; pavo y camarones; y vino tinto seco y vino blanco.

o Alimentos a evitar para Kapha: higos y toronjas; vegetales jugosos y dulces como el calabacín y el pepino; quesos duros o blandos; pastas; panqueques; avena; frijoles; pato y pescado; salsa de tomate; chocolate; y alcohol que es "duro", como el whisky (Frey, 2018).

Dieta ayurvédica para el bienestar o la pérdida de peso

Hay algunas preocupaciones a tener en cuenta si está contemplando comenzar una dieta a base del Ayurveda para mejorar la salud o perder peso. El problema principal es qué tan efectiva será la dieta. Desea invertir en un plan reforzado por la evidencia. Lo segundo a considerar es la adherencia. Adopte un plan de alimentación solo si puede administrar y mantener uno a lo largo del tiempo si desea perder peso y obtener resultados beneficiosos.

¿La evidencia científica apoya el Ayurveda?

Aunque el Ayurveda y su sistema médico han visto miles de años de práctica, se han observado pruebas para respaldar que la práctica sea efectiva.

A medida que aumenta el interés en la medicina ayurvédica en el mundo occidental, los investigadores han realizado estudios de alta calidad a favor del uso del sistema para mejorar la salud:

- Los investigadores de la Universidad de Harvard hicieron un estudio que apoyó el uso de intervenciones de salud holística. Incluyeron el Ayurveda para ayudar a las personas a adherirse a un comportamiento nuevo y saludable.

- Investigadores de la Universidad de Harvard, la Universidad de Connecticut y la Universidad de Emory realizaron una investigación piloto y descubrieron que las prácticas ayurvédicas mejoraron la salud de los estudiantes de yoga obesos y con sobrepeso. Sin embargo, los investigadores advirtieron que los resultados deben interpretarse con atención a los problemas con el diseño del estudio y otros asuntos.

o Un estudio de la Universidad de Nuevo México y la Universidad de Arizona vio un programa ayurvédico basado en el yoga que modificó la vida diaria de una persona como una forma factible y aceptable de controlar el peso.

o También se han realizado estudios que han verificado que el Ayurveda ayuda a reducir el riesgo de enfermedad coronaria. También ayuda en la duración y calidad del sueño y es bueno para controlar la diabetes tipo 2.

¿Es posible seguir una dieta ayurvédica?

Al igual que con cualquier dieta, un plan de alimentación no funciona si no sigue la dieta y la aplica a su régimen diario durante un período en el que ve resultados. Cada vez hay más informes de que existe evidencia de que una dieta ayurvédica para el bienestar y la pérdida de peso puede ser efectiva. Sin embargo, algunas personas tienen dificultades para administrar y continuar manteniendo el programa debido a las limitadas opciones de alimentos, y el sabor de algunos alimentos puede ser difícil cuando comienzan la dieta. Pero cuando se comprenden los beneficios de los tipos de alimentos, el sabor termina sin importar tanto.

Dejando a un lado el problema del sabor, la dieta compleja podría ser abrumadora y desalentadora para algunas personas. Si una dieta dosha es demasiado compleja para usted, los expertos recomiendan usar principios básicos de alimentación. Algunos médicos ayurvédicos no recomiendan alimentos específicos para su dosha si la dieta es demasiado compleja, sino que prefieren comer alimentos que ayuden a su digestión. Además, con prácticas como el yoga o la meditación, que le ayudan a escuchar a su cuerpo, hacer ejercicio intuitivo, comer y obtener resultados equilibrados. Concéntrese en el bienestar en lugar de la pérdida de peso. Seguir una dieta ayurvédica es excelente para obtener el equilibrio más saludable y el tamaño de peso que sea específico para su naturaleza o constitución.

No existe una ecuación para cortar galletas. Todo sobre la dieta ayurvédica es personalizado. No hay una ecuación única para todos. Todo se ajusta a las necesidades de un individuo, y la dieta es un hábito para la vida, no temporal.

Coma alimentos integrales nutritivos en lugar de alimentos procesados, sea instintivo sobre qué comer y vigile el tamaño de sus porciones.

Los expertos del Ayurveda recomiendan comer un desayuno ligero y comer hasta que se sienta lleno. No coma más hasta que sienta hambre. Además, salga a caminar después de una comida abundante. Si tiene hambre, coma una comida ligera para la cena. Comer hasta sentirse lleno le libera de la sensación de privación y de contar calorías (Frey, 2018).

Adoptar un estilo de vida que se adapte a sus necesidades obtendrá mejores resultados sin morir de hambre o tener la sensación de estar atrapado en una dieta desagradable o restrictiva. Cuando se produce el equilibrio del cuerpo y la mente, prosperará.

Millones de personas practican la dieta ayurvédica, y lo han estado haciendo durante miles de años, por lo que ha sido aceptada como un factor principal de todo el bienestar y la salud. Hay varias facetas del plan de alimentación que coinciden con los elementos esenciales de nutrición promovidos por la salud occidental, junto con expertos médicos.

Si desea perder peso, verá los resultados que desea si decide que una dieta ayurvédica es adecuada para usted y desarrolla su alimentación y comidas en torno a aquellos alimentos que no son procesados y saludables, así como también practica los consejos de alimentación consciente que funcionan en junto con los alimentos que come (Frey, 2018).

Plan de comidas ayurvédicas para bajar de peso

A continuación se muestra un ejemplo de cómo debería ser una comida típica. Tenga en cuenta que debe comer lo que sea apropiado para su dosha:

Desayuno: alimentos fáciles de digerir como avena caliente, fruta fresca o cereal tibio. Los huevos son difíciles de digerir, así que tome claras de huevo.

Almuerzo: puede incluir queso, huevos, carnes y postres. El fuego digestivo es más poderoso y asimilará y digerirá todo alrededor del mediodía. El almuerzo debe ser la comida más grande del día.

Cena: el fuego digestivo es más débil, por lo que se prefiere una comida ligera como verduras o sopas cocidas. Los alimentos no digeridos se convierten en toxinas y luego se almacenan en las células grasas. Mantenga la cena ligera (Krishna, BAMS, Arya, 2019).

Cómo cortar la grasa del vientre

Todos queremos tener una barriga plana, y el Ayurveda tiene algunos remedios increíbles para cortar esa grasa, pero también proporciona formas naturales para reducir el peso de manera integral (Rana, 2019).

Los sitios del Ayurveda son algunas de las razones por las que tendemos a aumentar de peso, como una dieta poco saludable, no hacer ejercicio, dormir demasiado y cómo vivimos. Estos factores se vinculan entre sí y conducen a la acumulación de grasa, particularmente alrededor del área del abdomen.

Según el Ayurveda, la obesidad es un trastorno del metabolismo y el tejido adiposo. En este estado, el tejido adiposo aumenta y bloquea todos los canales del sistema digestivo, lo que continúa aumentando de peso.

Existen algunos remedios herbales y naturales que pueden ayudar a reducir la grasa abdominal. Algunas especias, como el jengibre y la pimienta negra, también pueden ayudar a reducir la grasa. Beber agua tibia mejora la digestión, mientras que beber agua fría hace que sea difícil perder peso y reducir la grasa. Conviene recordar que debe asociar estos remedios con una dieta saludable y un programa de ejercicios para garantizar la pérdida de peso.

Methi (fenogreco): rico en numerosos beneficios para la salud, se sabe que el fenogreco o methi ayuda a perder peso de manera eficiente. La digestión es apoyada por methi, que es la clave para perder peso. El galactomanano es un componente soluble en agua que se encuentra en methi y que ayuda a reducir los antojos y hace que se sienta lleno durante más tiempo. Methi también aumenta su metabolismo. Todo lo que se necesita es tostar las semillas de methi y triturarlas con un mortero hasta que se conviertan en un polvo fino. Agregue el polvo al agua y bébalo con el estómago vacío a primera hora de la mañana. Las semillas también se pueden remojar en agua durante la noche. Mastique las semillas empapadas con el estómago vacío (Rana, 2019).

Guggul (Commiphora Mukul): Guggul se ha utilizado durante mucho tiempo en varias medicinas ayurvédicas y es un remedio herbal. Contiene guggulsterona, un esterol vegetal que se dice que promueve la pérdida de peso al estimular el metabolismo del cuerpo. También reduce el colesterol también. Se dice que el té Guggul es, en muchos sentidos, efectivo.

Vijaysar (Pterocarpus Marsupium): Vijaysar es un árbol caducifolio cuya corteza se usa en varios medicamentos ayurvédicos para controlar la obesidad y la diabetes. Se dice que Vijaysar tiene propiedades que reducen la grasa y, por lo tanto, ayudan a eliminar la grasa del vientre. Además, la resina y la corteza se utilizan para un sistema digestivo saludable. Puede beber una taza de Vijaysar a base de hierbas para obtener resultados efectivos (Rana, 2019).

Triphala: Triphala ayuda a rejuvenecer el sistema digestivo al eliminar las toxinas del cuerpo. Triphala es un brebaje antiguo hecho con tres frutas secas, haritaki, bibhitaki y amalaki amla. Todas tienen propiedades rejuvenecedoras y limpiadoras. Los expertos en Ayurveda recomiendan beber agua caliente con triphala churna al menos dos horas después de la cena y media hora antes del desayuno.

Punarnava (Boerrrhavia Diffusa): se sabe que Punarnava es un diurético efectivo y bueno para el proceso de pérdida de peso. Sus propiedades ayudan a la vejiga urinaria y al riñón a tener una función mejorada, lo que ayuda a eliminar las toxinas del cuerpo sin perder minerales esenciales como electrolitos y potasio. La retención de agua también se reduce, otro factor que puede causar aumento de peso. Otro beneficio es que también maneja enfermedades digestivas como el estreñimiento y ayuda a perder peso de manera saludable. Puede beber té de punarnava y perder peso de manera efectiva.

Dalchini (canela): Dalchini o canela ayuda a estimular el metabolismo y ayuda a reducir la grasa del vientre. Es el cinamaldehído en la canela lo que estimula el metabolismo del tejido visceral, lo que también podría ayudar a reducir la grasa abdominal. Beba una taza de té de canela a primera hora de la mañana o según lo recomendado por su médico.

Los resultados varían de una persona a otra, por lo que se recomienda hablar con un experto ayurvédico antes de agregar cualquiera de los anteriores a su dieta y si desea tomarlos en forma de suplemento. Las personas con diabetes, en particular, deben conocer las dosis (Rana, 2019).

Además, la NHIC advierte que las hierbas, productos o combinaciones de hierbas de Ayurveda pueden ser dañinas si se usan incorrectamente. Es aconsejable hablar con su proveedor de atención médica antes de realizar cambios en su dieta o consumir medicamentos a base de hierbas. Asegúrese de que los cambios no afecten ningún medicamento o dolencia médica que tenga.

Capítulo 5: Las hierbas ayurvédicas, las hierbas medicinales y los beneficios para la salud

El Ayurveda: las hierbas y cómo se usan

Las hierbas ayurvédicas se usan como parte del método holístico para la salud que puede incluir nutrición, meditación, aromaterapia, yoga y masajes. Los practicantes ayurvédicos con frecuencia usan especias y aceites terapéuticos junto con hierbas ayurvédicas para promover el bienestar y tratar enfermedades.

Un componente clave del Ayurveda son las hierbas ayurvédicas que se usan en la práctica tradicional de la medicina en la India. Estas hierbas se usan comúnmente para aumentar las defensas contra las enfermedades, "limpiar" el cuerpo y ayudar a mantener el cuerpo, la mente y el espíritu equilibrados.

El principio fundamental de la medicina ayurvédica es tratar y prevenir la enfermedad en lugar de "reaccionar" a la enfermedad. Esto se logra mediante el equilibrio entre el cuerpo, la mente y el entorno. Las hierbas rara vez se usan solas, pero se usan como parte de un enfoque de salud holístico (Wong, 2019).

La medicina herbaria: por qué más personas usan tratamientos herbales naturales

Universalmente conocido o reconocido o no, aproximadamente el 25 por ciento de los medicamentos recetados en el mundo provienen de plantas. El once por ciento de los 252 medicamentos que son esenciales y que figuran en la Organización Mundial de la Salud son de origen vegetal. En realidad, el primer compuesto farmacológico de morfina, creado hace 200 años, derivaba del opio extraído de las semillas de amapola en la flor (Ruggeri CHHC, 2017).

Desde entonces, el estudio de las plantas ha hecho que los científicos creen las recetas y los productos médicos que conocemos hoy. Sin embargo, la sobremedicación, el tratamiento de enfermedades y el enfrentamiento de bacterias resistentes en el microbioma (el ecosistema interno de bacterias que se encuentra en nuestros cuerpos, la mayoría de ellas en nuestro sistema digestivo), ha visto un cambio en la atención a los tratamientos naturales y la medicina a base de hierbas.

Recientemente, se han invertido millones de dólares en la búsqueda de hierbas prometedoras para uso medicinal. En comparación con la industria farmacéutica en general, estas considerables inversiones financieras para la investigación de la medicina herbal no son tan grandes como los dólares gastados en la investigación de medicamentos recetados, pero indican que los investigadores están comenzando a alejarse del desarrollo de medicamentos recetados y dirigiéndose hacia formas de tratamiento naturales y alternativas.

Las plantas se utilizan para numerosas afecciones y problemas de salud, como artritis, alergias, fatiga, migrañas, heridas, infecciones de la piel, problemas gastrointestinales, quemaduras e incluso cáncer, lo que demuestra la verdad de que los alimentos pueden ser un medicamento.

Las hierbas medicinales son más seguras, no suponen un gasto grande y son una forma de tratamiento que no involucra medicamentos recetados. Volviendo a la idea tradicional de la medicina, es por eso que muchas personas eligen tratamientos médicos a base de hierbas (Ruggeri CHHC, 2017).

Medicina herbaria ¿Qué es?

Las hierbas medicinales son materia natural de origen vegetal utilizada para tratar enfermedades y dolencias en las prácticas regionales o locales de curación. Las mezclas que son complejas y están hechas de químicos orgánicos que podrían derivarse de una porción procesada o cruda de plantas, son la forma en que se hacen los productos herbales.

En todas las culturas del mundo, la medicina herbal tiene sus raíces. Los sistemas médicos tradicionales y sus prácticas y filosofía se ven afectados por el medio ambiente. Los diferentes sistemas de medicina tradicional y las prácticas y la filosofía de cada uno están influenciados por el entorno, la ubicación geográfica y las condiciones sociales. Sin embargo, los sistemas aceptan una forma de vida holística. La medicina ayurvédica y la medicina tradicional china son sistemas bien conocidos de la medicina a base de hierbas que tienen creencias en el concepto central de que debe darse una importancia a la promoción de la salud en lugar de la dolencia. Las personas pueden prosperar y concentrarse en su condición total mediante el uso de hierbas curativas en lugar de una enfermedad específica que se deriva del desequilibrio de la mente, el cuerpo y el medio ambiente.

La medicina basada en plantas continúa siendo utilizada en la medicina moderna. Recientemente se estimó que el 80 por ciento de las personas en todo el mundo dependen de los medicamentos ayurvédicos como parte de su atención médica principal. Además, debido a un interés creciente en las curas orgánicas o naturales y el aumento en el costo de los medicamentos recetados, ha habido un interés adicional en los medicamentos a base de hierbas en los Estados Unidos.

Hay muchos ingredientes que tienen las hierbas enteras que se usan para aliviar los síntomas y tratar enfermedades. La medicina botánica o herbal usa las raíces, la corteza, la flor, las bayas y las semillas de una planta para crear una medicina utilizada para el tratamiento. Hay muchos efectos beneficiosos de las propiedades biológicas de estas plantas. La forma en que se cultiva una planta, el entorno donde creció, cómo se ha cosechado y cómo se ha procesado son otros factores responsables de sus beneficios.

Las plantas se venden como extractos o crudas, donde se ablandan con alcohol, agua u otros diluyentes para eliminar algunos de los productos químicos. Los resultados de este proceso son productos que contienen docenas de productos químicos, incluidos esteroles, alcaloides, ácidos grasos, glucósidos, flavonoides, saponinas y otros (Ruggeri CHHC, 2017).

La medicina herbaria y sus beneficios

Los medicamentos a base de hierbas son más asequibles: una de las razones por las que existe un interés en la medicina a base de hierbas, y se ha vuelto más popular en los últimos años, es el alto precio de los productos farmacéuticos. Las personas no pueden pagar mensualmente los medicamentos caros, sin mencionar los aumentos anuales en los precios de estos productos farmacéuticos (Ruggeri CHHC, 2017).

En una evaluación reciente sobre si los productos herbales naturales eran una opción menos costosa en el tratamiento de enfermedades o no, se descubrió que había un costo menor.

Los medicamentos a base de hierbas son más fáciles de obtener: los extractos de hierbas, los tés de hierbas y los aceites esenciales son productos herbales que están disponibles en las tiendas naturistas y en algunos supermercados. No es necesario consultar a un médico para obtener una prescripción médica antes de la compra. Por lo tanto, es más fácil evitar los costos de atención médica y obtener productos a base de hierbas.

La clasificación de las hierbas es como suplementos dietéticos. Esto es para que puedan comercializarse y venderse sin estar sujetos a la FDA. Es más fácil para el público comprarlos, pero nosotros, como consumidores, tenemos que hacer que sea nuestro negocio elegir entre todos los competidores. Solo compre en compañías confiables que tengan una buena reputación para verificar que sus productos son 100 por ciento de grado puro, y lea los ingredientes, las etiquetas y las instrucciones para la dosificación (Ruggeri CHHC, 2017).

Propiedades curativas beneficiosas: las dolencias crónicas y agudas, que incluyen problemas de salud como un sistema inmunitario debilitado, enfermedades cardiovasculares, problemas de próstata, depresión e inflamación, usan hierbas para el tratamiento. Las hierbas se usan en todo el mundo para tratar enfermedades, y los estudios demuestran su efectividad. Actualmente hay 177 medicamentos aprobados en todo el mundo para el tratamiento del cáncer. El 70 por ciento de estos medicamentos son de origen natural o químico.

Las diez mejores hierbas para fines medicinales

Las siguientes hierbas se usan ampliamente, pueden abordar muchas afecciones y son extremadamente rentables en comparación con los medicamentos recetados. Si está buscando reemplazar o complementar un medicamento con un producto de hierbas naturales, aquí hay una lista de las diez hierbas más utilizadas en la medicina ayurvédica. Como recordatorio, consulte a su especialista de atención médica para realizar cambios o adiciones a su régimen médico (Ruggeri CHHC, 2017).

1. Ajo crudo: flavonoides, selenio, alicina, oligosacáridos y niveles altos en azufre son los nutrientes vitales contenidos en el ajo. El ajo se puede consumir crudo, cocido o en cápsulas. El ajo puede ayudar a revertir la diabetes, mejorar el sistema inmunológico, controlar la presión arterial, combatir la inflamación, disminuir los efectos de las alergias, combatir las enfermedades cardiovasculares, combatir los virus y las infecciones por hongos y controlar la pérdida de cabello.

La investigación muestra una asociación inversa en el consumo de ajo y el avance de la enfermedad cardiovascular. Además, el ajo puede reducir el colesterol, reducir la presión arterial, aumentar el estado antioxidante e inhibir la agrupación de plaquetas según una investigación publicada en el Journal of Nutrition (Ruggeri CHHC, 2017).

2. Jengibre: este es un condimento ampliamente utilizado en todo el mundo. Los beneficios derivados del jengibre son terapéuticos y de la resina oleosa conocida como gingeroles, adquirida de la raíz del jengibre. Es un poderoso antiinflamatorio y antioxidante, tiene propiedades que controlan el proceso de envejecimiento.

El gingerol alivia las náuseas, la indigestión, aumenta la función respiratoria e inmune, combate las infecciones por hongos, las infecciones bacterianas, reduce el dolor, mejora la diabetes, trata las úlceras estomacales, previene la malabsorción (un trastorno gastrointestinal) y puede dificultar el crecimiento de células cancerosas.

El jengibre se puede ingerir en forma de suplemento o en polvo. Se puede convertir en té y consumirse, aplicarse en aceite por vía tópica o comerse crudo (Ruggeri CHHC, 2017).

3. Cúrcuma: la cúrcuma es una planta y es históricamente una de las hierbas más antiguas utilizadas, que data de hace casi 4.000 años. El reconocimiento de la importancia de la cúrcuma por la medicina moderna se ha hecho más latente, como lo demuestran más de 3.000 publicaciones que tratan sobre la cúrcuma.

Varios estudios muestran que la cúrcuma tiene propiedades antioxidantes y antiinflamatorias. Como antioxidante, la cúrcuma busca los radicales libres.

4. Ginseng: se ha utilizado en América del Norte y Asia durante siglos y es una medicina herbal muy popular en todo el mundo. Los nativos americanos usaron la raíz del ginseng como remedio y estimulante para el dolor de cabeza. El ginseng reduce el estrés, trata la disfunción sexual, ayuda a perder peso, mejora la función pulmonar, estimula el sistema inmunológico, disminuye los niveles de azúcar en la sangre y reduce la irritación. El ginseng se puede comprar en forma de té, en polvo, en polvo, en tabletas o en cápsulas (Ruggeri CHHC, 2017).

5. Cardo mariano: durante casi 2.000 años, se han utilizado extractos de cardo mariano para actuar como curativos medicinales. Se sabe que el cardo mariano se usa como antiinflamatorio y ayuda al tracto digestivo, mejora la salud de la piel, reduce los niveles de colesterol y actúa como desintoxicante.

Se descubrió que el cardo mariano tiene efectos protectores en ciertos tipos de cáncer después de que los ensayos clínicos revisaron las evaluaciones de seguridad y efectividad de la hierba. Los datos han demostrado que se ha utilizado para la diabetes, la hepatitis C, la enfermedad hepática y el VIH. Generalmente se venden en cápsulas, se sabe que los extractos de cardo mariano son bien tolerados y seguros.

6. Matricaria: una hierba centenaria, la matricaria se ha utilizado para picaduras de insectos, fiebres, dolores de cabeza, dolor de muelas, menstruación problemática, infertilidad y la labor del parto. La hierba tiene un efecto analgésico que proviene de los partenólidos, un bioquímico que combate la hinchazón y el ensanchamiento de los vasos sanguíneos que ocurre en las migrañas. La matricaria puede disminuir el dolor de la artritis, evitar los mareos, aliviar las alergias e inhibir los coágulos sanguíneos.

La matricaria puede tomarse en forma de tableta, cápsula o líquido. Es posible usar las hojas de matricaria y hacer té. Sin embargo, se dice que el sabor es amargo y posiblemente irritante para la boca (Ruggeri CHHC, 2017).

7. Ginkgo Biloba: el Ginkgo Biloba, un antiguo extracto de plantas, también se conoce como doncella y se usa en la medicina tradicional china. Ha curado numerosas enfermedades durante miles de años. La investigación actual indica que está conectado con la operación cognitiva y tiene efectos positivos sobre el deterioro neurológico. Otros beneficios son la concentración mejorada, la función de memoria mejorada, la reducción del riesgo de enfermedad de Alzheimer y la demencia, el mantenimiento de la visión y la salud ocular, la lucha contra los síntomas y enfermedades de depresión, ansiedad y fibromialgia, y la mejora de la libido.

8. Hierba de San Juan: esta es una hierba medicinal conocida por sus propiedades antiinflamatorias y antidepresivas. Se ha usado durante más de 2.000 años. Las sustancias biológicamente activas hiperforina e hipericina tienen la mayor actividad médica por encima de las docenas de sustancias producidas por la hierba. La hierba de San Juan se usa como antidepresivo para mejorar los cambios de humor durante la menopausia, aliviar los síntomas del síndrome premenstrual, combatir la inflamación, mejorar los síntomas del trastorno obsesivo compulsivo y aliviar los brotes de piel irritada (Ruggeri CHHC, 2017).

9. Aloe Vera: se usa para dolencias de la piel, estreñimiento, infecciones y cólicos. Se sugiere para tratar enfermedades fúngicas en la medicina china y se usa en las industrias cosmética, alimentaria y farmacéutica en el mundo occidental.

El aloe vera es considerado como el más activo de todas las especies de aloe, a pesar de que ha habido 75 elementos posiblemente activos que se identifican en la planta. Estos elementos incluyen vitaminas, aminoácidos, minerales, sacáridos, enzimas y muchos otros. El aloe vera proporciona el 90 por ciento de los aminoácidos necesarios y el 100 por ciento de los aminoácidos esenciales.

Los estudios han demostrado los elementos antibacterianos, antivirales, antifúngicos y antiinflamatorios del aloe vera. También se ha demostrado que es un buen constructor del sistema inmune y no es alérgico.

Otros beneficios del uso de aloe vera son la capacidad de calmar las irritaciones de la piel, tratar el herpes labial, las quemaduras, proporcionar antioxidantes, hidratar el cabello, el cuero cabelludo y la piel, y disminuir la inflamación. Se puede usar por vía tópica u oral y se encuentra en tiendas naturistas y en línea (Ruggeri CHHC, 2017).

10. La palma enana americana: los hombres con hiperplasia prostática y cáncer de próstata usan los suplementos de la palma enana americana. La palma enana americana es conocida por ayudar con muchos problemas de salud masculinos comunes, como una próstata agrandada, pérdida de cabello y pérdida de la libido. La palma enana americana es un antiinflamatorio y aumenta la función inmune, promueve la relajación y trata las afecciones respiratorias.

Cultive un jardín de hierbas Dosha

Es posible crear un jardín de hierbas en su patio o alféizar. Cultivar sus hierbas para un bienestar equilibrador de dosha, le permite usarlas en la cima de su potencia, inmediatamente después de cortarlas. También hay un efecto positivo incluso antes de consumir las hierbas, especialmente si las cultiva en interiores. Cada planta le afecta de manera diferente, desde influir en su estado de ánimo y espacio hasta oxigenar el aire (Karras, 2017).

Aquí hay algunas hierbas para cada dosha:

Vata - Bálsamo de limón, raíz de jengibre, manzanilla

Beneficios del bálsamo de limón: relaja, alivia la hinchazón y ayuda con los síntomas del síndrome premenstrual.

Consejos sobre jardinería: antes de que florezca, evite que crezca demasiado en su recipiente.

Beneficios de la raíz de jengibre: calentamiento, puesta a tierra y alivia las náuseas.

Consejos sobre jardinería: plantar después de que las raíces broten con jengibre comprado en la tienda; le gusta la sombra de la tarde.

Beneficios de la manzanilla: es buena para aliviar el estrés y reduce la inflamación.

Consejos sobre jardinería: ama el sol pero no el calor, llevar al interior cuando la temperatura sea superior a 75 ° (Karras, 2017).

Pitta - Menta, pétalos de rosa, hierba de limón.

Beneficios de la menta: ayuda a la digestión, desintoxicación y enfriamiento.

Consejos sobre jardinería: riegue bien, ya que le encanta la humedad, justo antes de que florezca, el sabor es el más rico.

Beneficios de los pétalos de rosa: favorece la circulación, la energización y es un afrodisíaco.

Consejos sobre jardinería: aman el pleno sol, los aceites se degradan dentro de las doce horas posteriores al desplume, así que úselos lo antes posible.

Beneficios de la hierba de limón: ayuda a la digestión, enfriamiento.

Consejos sobre jardinería: tome los tallos de las tiendas de comestibles y colóquelos en agua; cuando aparezcan las raíces, plantar en el suelo (Karras, 2017).

Kapha: salvia, albahaca sagrada, tomillo.

Beneficios de salvia: ayuda a respirar, desintoxica.

Consejos sobre jardinería: ama la sequedad, no riegue demasiado y use una maceta con buen drenaje.

Beneficios de la albahaca sagrada: estimula el cuerpo y la mente.

Consejos sobre jardinería: cuando las temperaturas alcancen menos de 50°, llévela adentro; los tallos/hojas de más de cinco pulgadas son los más potentes, ama el agua.

Beneficios del tomillo: controla las bacterias y promueve la energía.

Consejos sobre jardinería: ama el sol y el calor; no sobre el agua

(Karras, 2017).

Algunas últimas palabras y pensamientos sobre la medicina herbal:

- A lo largo de la historia humana, las hierbas se han utilizado por muchas razones. La historia de la "medicina" natural se remonta a la antigüedad.
- Las hierbas medicinales provienen de plantas y esencias utilizadas para tratar enfermedades y afecciones dentro de las prácticas curativas regionales o locales.

o Centrarse en la prevención en lugar de tratar enfermedades una vez que surgen y centrarse en el bienestar general es lo que se está notando sobre el uso de la medicina a base de hierbas en la actualidad.

o La medicina herbaria es más rentable en comparación con los medicamentos recetados. Además, no hay ningún problema en comprarlos sin receta médica, y brindan numerosos beneficios para la salud y el bienestar que se pueden comparar con los productos farmacéuticos modernos.

o El ajo, la cúrcuma, la palma enana americana, el aloe vera, el jengibre y la hierba de San Juan son algunas de las hierbas más populares utilizadas en los tratamientos medicinales a base de hierbas.

o Es crucial que los consumidores elijan productos que sean puros y tengan una consistencia de alta calidad. Si planea tomar productos herbales durante un período prolongado, consulte a un herbolario o profesional de la salud que pueda brindarle instrucciones.

o Pueden ocurrir reacciones alérgicas con medicamentos herbales o al interactuar con medicamentos convencionales. Hable con un profesional de la salud antes de comenzar cualquier tratamiento a base de hierbas. Hay varios proveedores de salud, así como herbolarios, médicos y otros profesionales naturales y ayurvédicos que pueden poner a su disposición cualquier información y ayudar a elegir qué tratamiento a base de hierbas es el mejor para tratar sus necesidades y preocupaciones de salud.

o Investigue el uso de hierbas y tenga en cuenta las dosis adecuadas y la posibilidad de efectos secundarios.

Capítulo 6: El Ayurveda y el yoga

Yoga ayurvédico ¿Cuál es la práctica del yoga?

El yoga ha sido parte de la práctica del Ayurveda durante más de 5.000 años. Se puede decir que el yoga es el antiguo y primer programa de ejercicio formalizado que se ha desarrollado.

Son innumerables los beneficios que se derivan del yoga. No solo quema calorías y tonifica los músculos, sino que también es un entrenamiento de cuerpo y mente que combina posturas que se estiran y fortalecen con respiración profunda y relajación o meditación (Watson, n.d.).

El yoga es un componente importante para salvaguardar la buena salud, según el Ayurveda. El Ayurveda y el yoga tienen que ver con la purificación de las facultades corporales y mentales, logrando una unión con el poder superior, Dios, lo divino, lo que sea que reconozca. Se cree que el yoga es el brazo de ejercicio del Ayurveda.

La gran popularidad del yoga es cuando se usa terapéuticamente, el potencial para manejar el estrés que impregna el cuerpo y la mente con la calma que ofrece el yoga.

Aunque el yoga no se considera una alternativa a la medicina moderna, puede utilizarse de apoyo en el proceso de curación, particularmente en las enfermedades provocadas por el estrés, como la hipertensión, la diabetes y el asma.

El yoga y los beneficios para la salud

Aunque hay cientos de diferentes tipos o escuelas de yoga, la mayoría de las sesiones de yoga incluyen meditación, ejercicios de respiración y asumir posturas, a veces llamadas asanas, que flexionan y estiran los grupos musculares.

Las técnicas de relajación que se integran en el yoga pueden ayudar a abordar y disminuir el dolor crónico, como la artritis, el dolor en la espalda baja, los dolores de cabeza y el síndrome del túnel carpiano. El yoga también ayuda a reducir el insomnio, y cualquier problema que interrumpa el sueño, y a disminuir la presión arteria. (Asociación Americana de Osteopatía, 2019).

Los beneficios físicos del yoga:

- o Aumento del tono muscular y la fuerza
- o Mejora de la energía y la respiración
- o Mayor flexibilidad
- o Reducción de peso

o Metabolismo equilibrado

o Mejora del rendimiento deportivo

o Salud circulatoria y cardiovascular

o Protección contra lesiones

Los beneficios mentales del yoga:

o La incorporación de la respiración y la meditación mejora el bienestar mental

o La práctica regular del yoga puede crear calma y claridad mental

o Aumenta la conciencia del cuerpo

o Alivia los patrones de estrés crónico

o Centra la atención, agudiza la concentración y relaja la mente

(Asociación Americana de Osteopatía, 2019)

El yoga nos educa sobre una serie de formas en que mantenemos el estrés, como apretar la mandíbula, lo que puede provocar síntomas de articulación temporomandibular (ATM), rechinar los dientes, tensar el cuello, encoger los hombros y endurecer la espalda baja y estomago. Gran parte de este estrés también se manifiesta en nuestra incapacidad para dormir adecuadamente debido a un alto estrés, un desequilibrio de hormonas o dolor, un aumento de la ansiedad y, a veces, no poder hacer frente al más mínimo de los problemas que normalmente no se resolverían (Levy, 2017).

La mejora del rango de movimiento y la flexibilidad se puede lograr practicando yoga regularmente. Algunas de las posturas de yoga que benefician la flexibilidad de nuestro cuerpo son el perro que mira hacia abajo, la torsión, los pliegues hacia adelante y cualquier postura en la que las rodillas lleguen al pecho.

La capacidad de mantener el equilibrio y evitar caídas es extremadamente importante, especialmente para las personas mayores. Les ayuda a continuar manteniendo su independencia y salud (Levy, 2017).

Si nos sentimos fatigados durante el día, esto podría ser el resultado de un sueño deficiente. La "niebla mental" es lo que ocurre durante la tarde y es realmente una señal normal de que nuestro reloj interno, conocido como ritmo circadiano, funciona bien y sin problemas.

Se cree que el yoga es una forma efectiva de mejorar y aumentar el enfoque, la claridad y la energía.

Estiramiento: incluso si es solo por uno o dos minutos, proporciona un efecto masivo en los niveles de energía. Esto es especialmente cierto para las personas que pasan horas sentadas en un escritorio y mirando las pantallas de sus computadoras (Levy, 2017).

Puede sentirse más alerta y despierto al inclinarse y tocar los dedos de los pies (también conocido como pliegue hacia adelante), inclinarse hacia atrás en cualquier forma, ponerse en cuclillas y luego pararse con las manos sobre la cabeza, o practicar meditación o ejercicios de respiración durante un breve descanso de cinco - diez minutos.

Las personas que tienen dolor de espalda, especialmente el dolor de espalda baja, se beneficiarán de ciertas posturas de yoga que pueden ayudar a disminuir el dolor. Otros que pueden beneficiarse son los que sufren de migraña y dolor de cuello. El yoga ha mejorado la calidad de vida de las personas que tienen dificultades para caminar o sentarse durante un período prolongado debido a la artritis.

El flujo sanguíneo mejorado y la flexibilidad son solo un aspecto del beneficio del yoga. El otro son los factores mentales del yoga, que también pueden mejorar la tolerancia al dolor. Las personas que practican yoga regularmente tienen niveles de materia gris que son más saludables en sus cerebros, especialmente en áreas que involucran dolor. El yoga puede cambiar su cerebro con respecto a cómo maneja el dolor y hace que practicarlo sea un analgésico natural (Levy, 2017).

Yoga para bajar de peso/lo que puede hacer: perder peso es simplemente la ecuación de las calorías que entran y las que salen, cambiando sus hábitos con éxito y tomando decisiones más saludables para usted. El yoga puede ayudarle poniéndolo en sintonía con su cuerpo, dándole una sensación de bienestar y la mejora de su propia imagen. El yoga reduce el estrés, y al hacerlo, hay una reducción en el "comer por estrés" que puede haber sido una obstrucción en su capacidad para perder peso.

El Ayurveda se trata de cuidar la mente, el cuerpo y el espíritu, y los lazos de yoga en esta práctica. Fomenta un estilo de vida saludable que sea consistente con la práctica del yoga, y es más probable que esa mentalidad no solo baje de peso, sino que mantenga la pérdida de peso. Lo más importante, es la capacidad de escuchar a su cuerpo, y esto puede ser un cambio tremendo para aquellos que han luchado por perder las libras en el pasado. EL yoga juega un papel muy importante como enfoque holístico en la pérdida de peso (Pizer, 2019).

Yoga para bajar de peso/lo que no puede hacer: cualquier yoga que usted practique le ayudará a desarrollar fuerza. Si desea perder peso, practique yoga combinado con una alimentación guiada por su dosha y su tipo de cuerpo, o al menos una alimentación saludable y quemar calorías realizando ejercicios para aumentar el ritmo cardíaco regularmente junto con su práctica de yoga. Si practica yoga suave, entonces esto es imprescindible. Los estilos de yoga más enérgicos pueden ofrecer un entrenamiento más animado, pero combinan una rutina de caminar, correr o cualquier otro ejercicio aeróbico que disfrute (Pizer, 2019).

Uno de los muchos beneficios físicos del yoga es cómo su cuerpo y músculos se estiran y se vuelven más sinuosos. Esto es crucial porque a medida que envejecemos y nos ponemos "rígidos" nuestras articulaciones son menos flexibles, porque el cartílago adelgaza y disminuye el líquido lubricante. El yoga puede contrarrestar este problema, ya que muchos de los cambios que enfrentan nuestras articulaciones se deben a la falta de ejercicio.

Como se ha dicho en este capítulo, numerosas ventajas y beneficios se derivan de la práctica del yoga. La Encuesta Nacional de Entrevistas de Salud (NHIS) ha informado que algunas de las razones por las cuales las personas han recurrido al yoga incluyen mejorar el funcionamiento general, aliviar el dolor de espalda que es crónico, como un reductor de estrés, y la mejora de su flexibilidad, fuerza y estado físico. Ciertamente contrarresta los efectos en el cuerpo que conlleva estar sentado demasiado.

Hay muchos tipos de yoga, algunos relajantes y tranquilos, mientras que otros son más intensos y atléticos. Estos son los tipos de yoga y cómo se practican.

Tipos de yoga

Los principiantes de yoga deben comenzar con una clase de nivel principiante. A medida que comience a practicar yoga regularmente, se beneficiará de la atención de un instructor como principiante, que le dará instrucciones sobre cómo colocar su cuerpo en ciertas posturas, así como sobre cualquier lesión previa o afección médica que tenga. para evitar cualquier lesión.

Lea sobre los tipos de yoga disponibles para que pueda encontrar una clase adecuada para usted.

Vinyasa es una clase de atletismo con la que quemará calorías. Estos estilos de yoga generalmente comienzan realizando una serie de poses que son rápidas y se llaman "saludo al sol" o "saludo". Después de las posturas iniciales, hay varias posturas de pie que mantienen la sesión de yoga en movimiento. Una vez que el cuerpo se calienta, se realizan flexiones hacia atrás y estiramientos más profundos. Vinyasa tiene muchos estilos de yoga (Pizer, 2019).

Los practicantes de Ashtanga yoga se dedican a este estilo vigoroso que sigue las mismas posturas cada vez. Cuando se aprenden todas las posturas, la secuencia le permite practicar en cualquier momento, en casa o en grupo con un instructor, pero cada practicante practica a su propio ritmo.

El power yoga se practica en estudios de yoga dedicados y es popular en gimnasios y clubes de salud. Este tipo de yoga se basa en la fuerza de Ashtanga pero no usa la serie de poses fijas.

El yoga caliente es el yoga Vinyasa que se practica en una habitación que se calienta. Sudará mucho. Sin embargo, no confunda Bikram y yoga caliente, porque no son lo mismo.

Bikram es el estilo que incluye poses que son una serie fija. Es un estilo pionero de yoga caliente.

El yoga suave, aunque quema menos calorías, sigue siendo una buena manera de cuidar y nutrir su cuerpo (Pizer, 2019).

Las clases de hatha yoga no siempre son suaves y han sido nombradas y utilizadas para que los practicantes de yoga sepan que estas clases no son clases de vinyasa.

El yoga integral se trata de integrar la mente y el cuerpo. El objetivo es vivir una vida más feliz. Las personas que se sienten distanciadas de su cuerpo se benefician mucho al practicar este tipo de yoga.

Kripalu yoga es conocido por su enfoque individualizado y aceptación abierta de todos los niveles de esta práctica de yoga y tipos de cuerpo. Esta es la opción principal para las personas que no están dispuestas a participar en clases grupales (Pizer, 2019).

El yoga relajante es una práctica más pasiva del yoga. La mayoría se realiza en posición acostada y sentada. Las posturas se mantienen por más tiempo y le ayudan a permanecer sentado durante más tiempo durante la meditación. El tejido conectivo clave se estira en esta práctica. Se considera un yoga restaurador y suave, que generalmente incorpora accesorios. Hay alrededor de cinco a seis poses que se llevan a cabo durante más de cinco minutos por clase (Levy, 2017).

Practicando yoga en casa

Si no puede asistir a una clase de yoga, puede practicar en casa. Hay una serie de sitios web de yoga en línea que ofrecen instrucciones en video, así como YouTube, redes de televisión por cable como Comcast o Direct TV, y Amazon Prime.

Los videos de yoga pueden ayudarlo a aumentar los beneficios del yoga y le permiten practicar un poco cada día. Usted también puede comenzar a practicar meditación en casa. Los beneficios del yoga son tanto para la mente como para el cuerpo, por lo que es una parte esencial de un régimen de pérdida de peso (Pizer, 2019).

El yoga es una práctica de cuerpo y mente que reúne los elementos de meditación, control de la respiración y asanas específicas (posturas corporales) y se practica en todo el mundo.

El yoga alivia el estrés y el dolor, reduce los sentimientos de ansiedad y estrés, y mejora el equilibrio y la flexibilidad tanto internos como externos.

Hay muchos tipos de yoga, así como formas en las que podemos participar si no podemos asistir a una clase.

Debemos tener cuidado de estar seguros al practicar yoga. Evite algunas posturas que puedan agravar cualquier problema de salud físico o de otro tipo, como asma, ciática, presión arterial alta, por nombrar algunas afecciones. Si siente que tiene un problema con ciertas posturas, hable con su instructor de yoga para modificarlo o evitarlo por completo (Levy, 2017).

La mejor manera de ubicar una clase de yoga adecuada es preguntarle a alguien de su confianza, como su proveedor de salud o quiropráctico.

Si es nuevo en el yoga, asegúrese de buscar un instructor acreditado que esté certificado. Algunas organizaciones requieren que los instructores de yoga cumplan con ciertos estándares, como al menos 200 horas de entrenamiento de yoga, que incluyen un número específico de horas asignadas a fisiología, filosofía, anatomía, metodología de enseñanza y técnicas (Levy, 2017).

Disfrute de la experiencia del yoga e incorpórela a su vida. Deje que se convierta en una de las muchas facetas que son la práctica del Ayurveda.

Capítulo 7: La aromaterapia y el Ayurveda

Aromaterapia - tradición antigua

La aromaterapia se basa en los principios ayurvédicos que se encuentran en las escrituras del Lejano Oriente antiguo. Es el estudio de los aromas, y la aplicación de ese conocimiento es la aromaterapia.

Al principio, antes de que tuviera un nombre, se quemaban diferentes tipos de maderas, y el humo se utilizaba en forma de incienso. Esta práctica ha perdurado en casi todas las culturas del mundo (Rechelbacher, Horst, 1989).

Los egipcios utilizaron aromáticos por primera vez con fines cosméticos y técnicas medicinales hace más de 5.000 años. Los griegos usaban aceite de oliva para la absorción del olor de las hierbas y pétalos de flores. El proceso fue perfeccionado por médicos árabes que destilaron los aceites y los trajeron a Europa.

Las mujeres hacían remedios para uso doméstico en el siglo XVI. Sin embargo, la farmacología y la química, las nuevas ciencias del día, redujeron la práctica del uso aromático a la superstición, disuadiendo el uso de la aromaterapia. No fue hasta principios del siglo XX cuando los químicos franceses comenzaron a investigar los aceites esenciales y sus propiedades curativas.

El químico francés René Maurice Gattefosse, utilizando aceites en dermatología, descubrió cómo el aceite de lavanda podía curar su mano quemada. Gattefosse acuñó la palabra "aromaterapia" en 1928 y usó la misma palabra que el título de un libro publicado en 1937.

La tradición de la aromaterapia se mantuvo intacta en los cultos orientales de China e India. La realeza india fue tratada con hierbas frescas y secas, masaje con aceite de aromaterapia y aguas florales por médicos ayurvédicos llamados Vaidyas (Ayurveda, Maharishi, 2017).

Los aceites esenciales son las esencias concentradas de plantas aromáticas y están altamente concentrados. Se pueden derivar de todas las partes de la planta:

- maderas de sándalo
- hojas de albahaca
- flores rosa
- la corteza de canela
- frutas naranja
- regaliz de raíces

Se necesita un alto grado de experiencia y competencia para extraer los aceites, ya que es costoso y requiere mucho tiempo lograrlo.

El proceso intensivo en mano de obra y la cantidad de planta que se necesita para producir un aceite hacen que algunos aceites esenciales sean costosos. Como ejemplo, para producir aceite de jazmín, se necesitan cuatro millones de flores de jazmín para producir un kilogramo de aceite. Sin embargo, los aceites son excepcionalmente efectivos y solo se necesitan unas pocas gotas para lograr el efecto deseado.

Los aceites esenciales se pueden usar en combinación o solos. La mezcla del aroma en un cohesivo aumenta su fuerza y equilibra el efecto de los aceites individuales.

Las hierbas y las flores son fuentes especialmente potentes y puras cuando una planta está en la cima de su crecimiento, el prana o chi (fuerza vital) en una planta. La esencia completa le da a las plantas y flores sus esencias individuales, y los diferentes aromas tienen diferentes efectos, tanto fisiológicos como psicológicos en nosotros. Estas esencias, en su estado más puro, funcionan como remedios naturales y restablecen el equilibrio físico y mental (Nutrientes inteligentes, 2018).

Usos terapéuticos de los aceites esenciales.

Olor: el camino hacia los aromas es la forma más importante a través del sentido del olfato. Oler el vapor de los aceites esenciales aromáticos estimula nuestro nervio olfativo, el único nervio en nuestro cuerpo que tiene contacto directo con el medio ambiente y viaja hasta el cerebro. Todos nuestros sentidos implican conexiones sinápticas y varios nervios antes de que los impulsos entren en contacto con el cerebro. Es el sistema límbico, motivado por el nervio olfativo, que es estimulado y conectado a las partes del cerebro que procesan los deseos, apetitos, emociones y recuerdos, así como a las glándulas endocrinas que regulan los niveles hormonales del cuerpo. Los aromas tienen un efecto muy poderoso, pero sutil, en nuestro cuerpo y mente (Ayurveda, Maharishi, 2017).

o El azahar, la manzanilla, la lavanda, la vainilla y la rosa tienen un efecto calmante.

o Los aceites de sándalo, nuez moscada y lavanda ayudan a disminuir el estrés y sus efectos negativos.

o El aceite de pachulí levanta el ánimo, aumenta la felicidad y reduce la preocupación.

Masaje: una técnica ayurvédica ampliamente utilizada es el masaje de aromaterapia. Cuando tiene uno o recibe un masaje, su piel absorbe los aceites esenciales e inhala. El aceite esencial penetra en los tejidos y fluye hacia el torrente sanguíneo, luego pasa a los órganos y sistemas del cuerpo. Hay diferentes grados de absorción. Abstenerse de ducharse después de un masaje para garantizar la efectividad.

Baños: otra forma popular de aromaterapia. El agua tibia evapora los aceites esenciales enviando sus elementos al cerebro. El baño relaja los músculos y toda su fisiología, influida por los efectos de la esencia y los aromas. Para disfrutar de toda la fuerza de los aceites esenciales, agregue sales de baño a la bañera antes de entrar.

La cantidad de información sobre los aceites esenciales y sus beneficios es inmensa. Algunos de los aceites combaten la inflamación, las infecciones y otras dolencias. Son eficaces y ayudan a eliminar algunas enfermedades y afecciones contra las cuales las recetas médicas no son tan efectivas, incluida la creación de efectos secundarios no deseados.

Beneficios del uso de aceites de escencias para enfermedades comunes

Hay una infinidad de usos para los aceites esenciales. Algunas de las dolencias que sufrimos son comunes, enfermedades cotidianas, y otras son más complejas. Aquí hay tres aceites esenciales que pueden aliviar algunas enfermedades:

Aceite de cúrcuma: conocido por sus propiedades antioxidantes, antiinflamatorias, antipalúdicas, antitumorales, antimicrobianas y antienvejecimiento. La cúrcuma es una especia, un medicamento y un agente colorante. El aceite esencial es un agente de salud extraordinario y uno que parece tener los efectos más prometedores contra el cáncer.

Se cree que el aceite de cúrcuma es un fuerte equilibrador y relajante del cuerpo. Sus beneficios también provienen de las saludables vitaminas, fenoles y otros alcaloides. Todos estos componentes beneficiosos muestran que el aceite esencial de cúrcuma tiene estos beneficios para la salud:

- Ayuda a combatir el cáncer de pecho: puede dificultar las habilidades de TPA, un potente promotor de tumores.
- Células de leucemia: pueden destruir algunas con turmerona aromática.
- Artritis: ayuda a reducir los problemas articulares, la artritis y su inflamación.
- Hígado: mejora la salud.
- Enfermedad neurológica.
- Depresión y ansiedad.

Aceite de orégano: los antibióticos están diseñados para combatir las infecciones bacterianas y son uno de los remedios médicos para tratar muchas afecciones de salud. Sin embargo, hay un aceite natural de orégano subutilizado que los pacientes desconocen y, por lo tanto, los médicos les dicen a sus pacientes (Hacha, Dr. Josh, 2018).

Puede pensar en las hojas de orégano que usa para cocinar o como un aderezo que le pone a su pizza, pero el aceite de orégano esencial está lejos de ser una simplicidad alimentaria. Se necesitan 1.000 libras de orégano silvestre para la producción de una libra de aceite esencial de orégano. Los ingredientes activos del aceite se conservan en alcohol y se usan en forma de aceite esencial, tanto interna como tópicamente.

Como un poderoso aceite esencial derivado de plantas, el orégano puede ser un competidor contra los antibióticos cuando se trata de la prevención o el tratamiento de diversas infecciones. El aceite de orégano tiene propiedades antivirales, antibacterianas y antifúngicas. Y lo más positivo del uso de aceite de orégano es que no es probable que cause ningún efecto secundario que pueda ser dañino y que se relacione más comúnmente con el alto uso de antibióticos, como el riesgo de resistencia a los antibióticos, la absorción reducida de vitaminas (debido al daño del revestimiento del tracto gastrointestinal que crea un síndrome de intestino permeable) y la destrucción de bacterias probióticas beneficiosas (Hacha, Dr. Josh, 2018).

Los beneficios del aceite de orégano casi lo convierten en un "aceite de maravilla" porque va más allá de controlar las infecciones. Otros ejemplos de los tipos de condiciones en que puede ayudar el orégano son:

- **Resfriados comunes:** como antibiótico natural, tome internamente mezclado en agua o aceite de coco.
- **Gingivitis:** combine el aceite de orégano con aceite de coco y úselo para extraer aceite.
- **Hongo del pie o la uña del pie de atleta:** colóquelo directamente en la zona dos veces al día.

Aceite de onagra: afecta la salud de sus hormonas, cabello, huesos y piel.

El aceite de onagra se encuentra como una flor silvestre que crece en el centro y este de América del Norte. Los nativos americanos y los colonos de Europa usaban onagra como alimento. Para extraer el aceite, las semillas de la flor se prensan en frío. Los ácidos grasos esenciales en niveles elevados se encuentran en la onagra y son necesarios para nuestra salud. Sin embargo, el cuerpo no puede producir ácidos grasos, debe obtenerlos a través de los alimentos. Los ácidos grasos omega-6 son críticos para la función cerebral junto con los ácidos grasos omega-3. Nuestros cuerpos necesitan el omega-6 y el omega-3, que se encuentra en los aceites de pescado. Las grasas ayudan a disminuir nuestra capacidad de absorber nutrientes. Este proceso ayuda a controlar nuestro hambre por períodos más largos. El ácido graso también actúa para transportar vitaminas como la vitamina E, la vitamina A y la vitamina K.

El aceite de onagra reduce el dolor relacionado con el síndrome premenstrual, es un antiinflamatorio que es útil para los síntomas de la menopausia y la artritis reumatoide y la osteoporosis, y mejora las afecciones de la piel, como el acné, la psoriasis y el eccema (Axe, DC, DMN, CNS, Dr. Josh, 2018).

Aromaterapia para el equilibrio

El Ayurveda trata de restaurar el equilibrio de la mente, el cuerpo y el espíritu. Vata, Pitta y Kapha controlan todos los funcionamientos de la mente y el cuerpo y tienen estaciones asociadas con ellos. Vata se asocia con otoño e invierno. Kapha se asocia con la primavera y Pitta se asocia con el verano. Hay mezclas de aromas que son tradicionales y útiles para la restauración general del equilibrio personal.

Las mezclas de equilibrio de Vata incluyen aceites calientes que son dulces y alivian las emociones y la mente y mejoran la serenidad. La naranja dulce, el ylang ylan, la rosa de geranio y el incienso son ejemplos.

Pruebe partes iguales de Ylang e Incienso, aproximadamente de dos a cuatro gotas cada una, y mezcle en dos onzas un ligero aceite de masaje como Sweet Almond o Jojoba para un masaje terapéutico y relajante para todo el cuerpo. La combinación de dos gotas de naranja dulce, dos gotas de limón y cuatro gotas de jazmín puede ayudarlo a relajarse. Esta es una mezcla para probar en un baño nocturno.

Pitta tiende a desequilibrarse en situaciones de calor extremo, ya sea relacionado con las emociones o el clima. Las mezclas de aromas para que Pitta se equilibre incluyen aceites refrescantes dulces, como Ylang Ylang e Incienso, y algunos aceites edificantes, como Peppermint o Lemon. Las combinaciones están destinadas a mantenerlo tranquilo pero alerta y concentrado. Otra combinación son cuatro gotas de sándalo e Ylang Ylang para una infusión para el agua de baño en los días calurosos.

Para crear un ambiente tranquilo y de intensidad difusa, mezcle partes iguales de vetiver, sándalo, rosa, jazmín e hinojo y use la cantidad en un difusor de aroma.

Las mezclas cálidas, vigorizantes y picantes de Kapha están destinadas a despertarlo en un día de primavera frío, gris y húmedo. Los aceites vitales son menta, romero, eucalipto y base, con pequeñas cantidades de aceites como el ylang ylang o el incienso para equilibrar.

Pruebe cuatro gotas de hierbabuena y dos gotas de incienso de Ylang Ylang e incienso como una infusión de baño matutino o como parte de su gel de ducha usando cuatro o seis gotas por cada dos onzas de limpiador sin perfume y sentir los aromas vigorizantes equilibrar su mente y cuerpo mucho después de haberse bañado.

Los aromas curativos proporcionan el equilibrio suave para el cuerpo, la mente y el espíritu. Tenga en cuenta que los aceites son sustancias potentes; menos es más con muchos de los aceites. Tenga cuidado al usar y mezclar los aceites. Siempre diluya los aceites antes de ponerlos en contacto con su piel y siempre pruebe la sensibilidad de la piel. Consulte con su médico si está embarazada antes de usar cualquier aceite esencial. Recuerde, estos aceites son solo para uso externo.

La aromaterapia tiene muchas aplicaciones, incluso si su agenda está ocupada, puede pasar tiempo disfrutando de sus beneficios. Encienda una vela aromática mientras cocina o se baña, o coloque un difusor de automóvil en su automóvil camino al trabajo o al hacer mandados.

Los aceites esenciales tienen un efecto muy poderoso, pero ocupan poco espacio. Úselos con la frecuencia que desee.

Capítulo 8: La meditación Ayurvédica

El Ayurveda y la meditación

La meditación es la práctica de entrenar la mente para generar conciencia y es un tipo de ejercicio mental y corporal. Es una serie de técnicas que promueven la relajación, ayudan a construir energía interna y evocan compasión. También ayuda a lograr la calma mental y física y aumenta la salud y el tratamiento de enfermedades (AyurvedDoctor, 2019).

La meditación se ha convertido en una forma popular de aliviar el estrés de millones de personas en todo el mundo. Puede tomar muchas formas y puede usarse de numerosas maneras importantes. Puede ayudarlo a revertir el estrés en su mente y cuerpo y también puede usarse cuando está desequilibrado para centrarse. La meditación, como ya se mencionó, puede incluso impulsar una alimentación más saludable y la pérdida de peso.

La meditación es el arte de lograr la disciplina de la mente para alejarse del "ajetreo impulsivo" y entrar en un estado tranquilo y relajado. Varios principios meditativos se acentúan en diversas prácticas espirituales y físicas con numerosos objetivos, como el logro de la autoconciencia, la creatividad, la conciencia superior o una mente pacífica.

El Ayurveda y su mente: el Ayurveda trata la mente como un elemento microscópico que consta de tres cualidades conocidas como Trigunas: Tamas, Rajas y Sattva. Este concepto es comparable al Vata dosha ya que es rápido e inestable. Atraviesa del pasado al futuro en un nanosegundo. El caos en la mente puede crear inquietud en una persona y una mente tranquila, compuesta y tranquila es el florecimiento del terreno para el trabajo creativo y un cuerpo sano (AyurvedDoctor, 2019).

¿Qué ambiente se necesita para la meditación? Para comenzar la meditación, siempre es bueno tener un lugar tranquilo y calmado. Una postura cómoda también es importante, ya que le permite concentrarse en una cosa a la vez. Centre su pensamiento en un objeto o cosa a la vez. Concéntrese en esto y evite que sus pensamientos divaguen (AyurvedDoctor, 2019).

¿Qué hora se considera ideal para la meditación? Meditar antes del amanecer es el momento ideal, conocido en el Ayurveda como Brahma Muhurta. Este es el momento en que la naturaleza está completamente tranquila, sin ruidos ni molestias (AyurvedDoctor, 2019).

Instrucciones para la meditación ayurvédica

- Tenga un momento de silencio sin ser molestado en un ambiente pacífico y tranquilo.
- Para comenzar la meditación, siéntese en una posición cómoda, sobre un cojín o una alfombra en el piso. Si esto no es posible, siéntese en una silla cómoda, asegurándose de que sus pies toquen el piso.

o Deje que su cuerpo esté lo más quieto posible, sentándose derecho para permitir que la energía en su cuerpo fluya sin obstrucciones, a través de su cabeza y descendiendo por la columna vertebral. Esto crea equilibrio en el cuerpo.

o Cierre los ojos y deje que se relajen. Piense en cualquier objeto. Enfoque su concentración en el objeto mientras inhala y luego exhala.

o Permita que su mente divague porque, al principio, experimentará pensamientos que vienen a su mente desde todas las direcciones.

o Concéntrese en su respiración, notando su suave sonido. A medida que continúe concentrándose y respirando, los otros pensamientos aleatorios comenzarán a dispersarse y su mente se volverá más tranquila. Lentamente, los pensamientos comenzarán a disminuir y su mente se calmará.

o Se liberan tensiones, y cuanto más poderosa es la liberación de la tensión, más poderosos y absorbentes son los pensamientos y llegará a un punto en el que solo habrá silencio y calma envolviendo la mente.

o Intente incorporar la meditación dos veces al día si es posible. Al principio, medite y construya hasta ese período de tiempo. Una vez que pueda dominar la cantidad de tiempo, puede meditar más a menudo o por períodos más largos. Sin embargo, meditar por períodos cortos cada día es mejor que meditar en períodos largos de forma irregular. La meditación y sus beneficios son mayores que cualquier supuesto problema que pueda percibirse (Murray, 2013).

Centrarse en un sonido lo ayudará a trabajar hacia una meditación profunda. Una meditación que promueve esto es la meditación So Hum.

Tipos de meditación

Meditación concentrada: este tipo de meditación facilita el uso de la respiración, un sonido o una imagen para ayudar a calmar la mente. El yoga y el Ayurveda creen en una fuerte conexión entre la mente y la respiración. Las respiraciones lentas y profundas regulares traen calma a la mente. Cuando su mente está enfocada en respirar, se sumerge fácilmente en el ritmo de su patrón de respiración (AyurvedDoctor, 2019).

Meditación consciente: estas meditaciones le permiten reconocer los contenidos a su alrededor, como los olores, los sonidos, los pensamientos y similares, sin identificarse con el contenido. Es una de las meditaciones budistas más importantes. La persona que practica esto se sienta en silencio y permite que la mente divague sin reaccionar al contenido que la rodea. Los pensamientos están en el momento presente en la meditación consciente.

Meditación Trascendental (TM): esta meditación tiene orígenes en el Señor Krishna. Las referencias en las obras budistas aluden a este tipo de meditación. De Shankaracharya a Brahmannada Saraswati transmitió el conocimiento de la Meditación Trascendental. Sin embargo, el Maharshi Mahesh Yogi hizo famosa esta meditación en todo el mundo. Explica cuán natural es la técnica y declaró: "La práctica de TM es pensar en una palabra que carece de significado" (AyurvedDoctor, 2019).

TM es un estado mental silencioso basado en la meditación de sonido. Cada persona recibe un mantra de acuerdo con su pensamiento (TM Admin, 2015).

Algunos mantras tienen ciertos significados, sin embargo, usted puede desarrollar su propio mantra que es exclusivamente para que use y resuene lo que siente mientras medita. El mantra puede referirse a dónde quiere llegar, es decir, "estoy tranquilo" es un mantra que puede repetir para ayudarlo a sentirse tranquilo y aliviar cualquier ansiedad que pueda tener. Otro mantra es aum (pronunciado ah-um). Es un sonido sagrado y generalmente conocido como el "sonido del Universo". Este es el mantra más famoso. Muchas personas también lo usan por cuál es su razón en el momento de la meditación.

Meditación de Hum: esta meditación utiliza el sonido natural de su respiración, es decir, el sonido que se produce durante el proceso de respiración. Cuando una persona comienza a concentrarse en el sonido de su respiración, la mente comienza a sumergirse en el sonido y lentamente se enfoca más y más.

Meditación Vipassana: Buda enseñó esta meditación. La definición de Vipassana significa ver las cosas con claridad. El objetivo y el propósito de esta meditación son eliminar las impurezas y toxinas del cuerpo. Esta meditación es intensa porque le pide a la persona que busque su alma interior y mantenga un silencio completo durante una semana.

Meditación de bondad amorosa: esta es una de las meditaciones más populares. Aquellos que disfrutan practicando esta meditación pueden aumentar su capacidad de perdonar, autoaceptarse, conectarse con otros y mucho más. Esta meditación también tiene aspectos poderosos para el alivio del estrés. La meditación de bondad amorosa es fácil de practicar y puede aumentar la sensación de felicidad en minutos (Scott, 2018).

El punto principal de la meditación de la bondad amorosa es concentrarse en la energía amorosa y cariñosa hacia los demás y hacia uno mismo. Está claro cuáles son los beneficios: quienes practican experimentan todos los beneficios habituales de la meditación, que son varios y vastos, así como sentimientos de amor, amabilidad y calidez.

Como con cualquier meditación, permita tiempo para meditar. Siéntese cómodamente, cierre los ojos, relaje los músculos de su cuerpo y comience respirando profundamente. La experiencia de competir por el bienestar físico y emocional y la paz interior es lo que imaginará al comenzar. Concéntrese en el sentimiento de paz interior mientras exhala tensión e inhala sentimientos de amor.

Repita tres o cuatro frases positivas y tranquilizadoras para sí mismo. Muchos pueden funcionar, pero estos son algunos ejemplos:

- Puedo ser feliz.
- Puedo ser fuerte, saludable y pacífico.
- Puedo dar y recibir aprecio hoy y todos los días.

Puede permanecer con este enfoque durante su meditación, o enfocarse en sus seres queridos: un cónyuge, padre o hijo, luego repita las siguientes frases o frases similares para provocar sentimientos de amor y bondad:

- Que seas feliz.
- Que seas fuerte, saludable y pacífico.
- Que estés a salvo.
- Que puedas dar y recibir aprecio hoy.

Esta mediación continúa atrayendo a otras personas que son importantes para nosotros a nuestra conciencia y paz interior. Una vez que haya mantenido estos sentimientos hacia cada persona, lleve a otras personas importantes de su vida a su conciencia, una por una, y visualícelas con bienestar y paz interior.

Cuando complete la meditación, recuerde que puede volver a visitar el sentimiento de bondad amorosa durante todo el día.

Meditación Zen: esta es una técnica de meditación arraigada en la psicología budista. El objetivo de la meditación es controlar la atención. A veces se lo conoce como una práctica que implica "pensar en no pensar" (Morin, 2019).

Se piensa que la meditación zen es una "meditación de monitoreo abierto". Las habilidades que supervisan se modifican en un estado de conciencia con un amplio alcance de atención, sin concentrarse en un objeto específico.

Zen le permite abrir su mente y relajar su cuerpo para descubrir su ser interior. Una vez que domine este tipo de mediación después de días de práctica, puede alcanzar un estado meditativo donde su respiración se volverá superficial y su ritmo cardíaco disminuirá. Los pensamientos estarán aislados y puede concentrarse conscientemente en el momento presente (AyurvedDoctor, 2019).

Similar a la meditación de atención plena, su enfoque es la presencia de la mente. Sin embargo, la atención plena se centra en un objeto específico, mientras que la meditación zen trata sobre la conciencia general.

El Zen es diferente a la meditación de la bondad amorosa, que se enfoca en fomentar la compasión, o la meditación del mantra. Como la Meditación Trascendental que implica la recitación de un mantra, el Zen involucra los procesos físicos y auto-referenciales en curso. Aquellos que practican Zen intentan expandir su rango de atención para integrar el flujo de pensamientos, percepciones emocionales y conciencia subjetiva (Morin, 2019).

Los beneficios de la meditación

Uno de los principales problemas que experimentamos durante el día es el estrés. Nuestros cuerpos reaccionan de maneras que nos tienen preparados para "luchar o huir". Nuestras mentes están estresadas por la avalancha de pensamientos y la ingesta de información que experimentamos todos los días. Sus problemas familiares, laborales, de otras personas y el mundo que nos rodea juegan un papel en el estrés psicológico que experimentamos.

La meditación es exactamente lo contrario del estrés que sentimos y afecta nuestro cuerpo y mente al provocar la respuesta del cuerpo a la relajación. Restablece el cuerpo a un estado de calma, ayudándolo a repararse a sí mismo y evitando cualquier daño nuevo por los efectos físicos del estrés. La meditación puede traer calma a la mente y al cuerpo al silenciar los pensamientos que tenemos que son inducidos por el estrés, y que pueden mantener la respuesta de nuestro cuerpo al estrés continuamente activado.

Con la práctica regular, hay una mayor ganancia que la meditación puede aportar, y esa es la capacidad de recuperación a largo plazo. Se ha demostrado a través de la investigación que aquellos que meditan regularmente comienzan a sentir cambios en respuesta al estrés. Eso les permite recuperarse más fácilmente de situaciones estresantes y experimentar los sentimientos de estrés mucho menos frente a los desafíos que pueden tener que soportar en su vida cotidiana. Hay un aumento en los estados de ánimo positivos cuando meditamos; la investigación ha demostrado que las personas que experimentan estados de ánimo que son positivos con mayor frecuencia son más optimistas hacia el estrés. También se ha averiguado que la meditación regular cambia el cerebro en su disminución de la reactividad al estrés (Scott M. E., 2019).

La meditación proporciona más beneficios

Los beneficios de la meditación pueden, entre otras cosas, revertir su respuesta al estrés y protegerlo de desarrollar estrés crónico.

Cuando practica la meditación, su presión arterial se normaliza, su uso de oxígeno es más económico, su respiración y frecuencia cardíaca disminuyen, la función de su sistema inmunológico mejora y las glándulas suprarrenales producen menos cortisol, lo cual es importante si está tratando de perder peso. También transpira menos, su creatividad aumenta y su mente se vuelve más clara y envejece a un ritmo más lento.

Las personas que meditan regularmente pueden eliminar más fácilmente los hábitos que pueden dañar el cuerpo, como beber, fumar y las drogas. Esto no quiere decir que suceda de la noche a la mañana, pero muchas personas descubren que pueden conectarse con su fuerza interior. La meditación puede desarrollar resiliencia y minimizar el estrés.

¿Cómo se compara la meditación con otros métodos de reducción del estrés?

La meditación se ha comparado con otros métodos para reducir el estrés. Sin embargo, a diferencia de algunos medicamentos recetados y terapias herbales, hay pocos efectos secundarios de la meditación.

Las limitaciones físicas que muchas personas tienen debido a la edad o la enfermedad les permiten practicar la meditación en lugar de practicar ejercicios extenuantes para aliviar su estrés.

No es necesario un equipo especial para practicar la meditación, excepto una almohada cómoda para el piso o la silla.

No hay absolutamente ningún gasto monetario: la meditación es gratuita.

Meditar regularmente requiere compromiso y disciplina. Puede ser más difícil de mantener como un hábito. Un grupo de meditación que se reúne regularmente puede ser la respuesta.

Liberar la mente de los pensamientos del día es particularmente difícil para algunas personas. Esto puede ser aún más difícil que mantener la meditación como un hábito regular. Concéntrese en sus pensamientos escribiendo en un diario u otros métodos que distraigan la mente, como usar el humor o hacer fisioterapia (Scott, 2019).

Al aprender la meditación para calmar la mente y el cuerpo, se puede controlar el estrés emocional y físico, y se puede disolver el estrés emocional. La meditación le hace sentir renovado, mejor y listo para enfrentar los desafíos del día. Lo más importante, siente paz dentro de sí mismo. Le brinda una actitud saludable y, con la práctica regular, experimentará estos beneficios aún más.

Capítulo 9: Consejos de belleza natural del Ayurveda

Las mujeres y los hombres siempre quieren verse y sentirse lo mejor posible. Sin embargo, ha habido una tendencia creciente de "soluciones" artificiales, como sueros sintéticos que se inyectan en el cuerpo y que se supone que ayudan con nuestra apariencia. A veces hay efectos secundarios al introducir sustancias sintéticas en nuestros cuerpos.

El Ayurveda es uno de los primeros en adoptar el adagio, "la belleza viene de adentro". Equilibrar el cuerpo, la mente y el espíritu, optimizar la energía, apoyar la salud de nuestro sistema digestivo y observar las necesidades individuales de nuestro dosha es la forma en que sucede esta belleza interior. Lo que sucede cuando se administra y cuida la belleza interior es que la belleza exterior la refleja y brilla a través de ella.

Sin embargo, no es que deba ignorar su belleza exterior, como su cabello y su piel. El Ayurveda proporciona muchas prácticas de belleza, y todas le harán brillar a la vez que aumentarán su bienestar.

En el Ayurveda, se usan más aceites que lociones o cremas. Parte de la desintoxicación incluye la exfoliación. Algunos de los mejores practicantes ayurvédicos comparten sus consejos de belleza, totalmente naturales y holísticos, que puede hacer fácilmente y que también son rentables. Incorpórelos a su régimen de belleza para lograr ese equilibrio interior-exterior de belleza (Abel, 2017).

Su dosha dicta las necesidades de su piel: su dosha, o lo que se conoce como su constitución ayurvédica, apunta a su tipo de piel:

- **Vata es delgado,** de poros finos, seco, delicado y propenso a las arrugas;
- **Pitta tiene brotes,** erupciones cutáneas y rosácea si está desequilibrado; y
- **Kapha es espeso**, aceitoso, tiene poros dilatados, granos, espinillas y eczema.

Es posible que su piel no refleje lo que se ha descrito para cada dosha, pero recuerde que somos una combinación de los tres doshas. Siga la descripción que mejor se adapte a cómo se comporta su piel.

Aceite de coco: use aceite de coco para hidratar su rostro y hacer máscaras faciales, ya que es ligero y refrescante. Algunas mujeres también usan manteca (mantequilla clarificada). Las máscaras son realmente refrescantes para su piel. Si su piel está seca e irritada, se rejuvenecerá con una máscara de aceite de ricino orgánico. Si tiene la piel grasa, use harina de garbanzo como base para que las máscaras absorban el exceso de aceite de su cara, espalda y pecho (Abel, 2017).

Leche cruda: las máscaras hechas de leche a base de crema o entera son refrescantes y calmantes si tiene la piel inflamada. Para eliminar la suciedad de los poros, sumerja una bola de algodón en leche cruda. Cuando se baña, agregue crema o leche a su baño y nutrirá y aliviará su piel. Si es vegano, la leche de coco tiene propiedades muy similares.

Azúcar: el azúcar ayuda a retener la humedad y a promover el recambio celular. Se considera refrescante: mezcle el azúcar con productos botánicos rejuvenecedores y hierbas como el olmo resbaladizo y los pétalos de rosa.

Agua de rosas: el aerosol de agua de rosas se siente muy bien y tiene una hermosa fragancia. Puede usarlo varias veces al día, y es compatible con la piel flexible.

Aceite de neem: cuando tenga granos o pequeñas manchas de inflamación, aplique aceite de neem y despiértese con la magia que ocurre durante la noche. El aceite de neem es similar al aceite de árbol de té, ya que seca las inflamaciones pero es más refrescante (Abel, 2017).

Aloe vera: el aloe vera puede hacer que su piel sea flexible, suave y más joven. Algunas mujeres beben una pequeña cantidad sola o lo beben en un jugo, mientras que otras lo usan tópicamente como tóner o tratamiento.

Aceite de coco y tu cabello: mientras le da vida y brillo a su cabello al cepillarlo con aceite de coco, también proporciona nutrición y fortalecimiento. Agregue algunos aceites esenciales como romero, lavanda y geranio y tómese el tiempo masajeándolo en su cabello y cuero cabelludo. Elimina las células muertas de la piel, mejora la circulación y ayuda a que su cabello crezca.

Extracción de aceite: en lugar de usar enjuagues bucales a base de alcohol como Listerine, el aceite de coco o de sésamo se ha convertido en una práctica bastante popular. También beneficia su boca y encías, y ayuda en la desintoxicación total.

Auto-Masaje: deje que se vierta el aceite tibio y reciba un masaje. Hidrata profundamente y proporciona muchos beneficios para la salud cuando se hace con regularidad. También ayuda a controlar el estrés y, después, se verá radiante. Si no puede escaparse a un spa, use un aceite ayurvédico de su elección como la manzanilla y trabaje desde la cara hasta las plantas de los pies. Incluso unos minutos antes de acostarse lo ayudarán a calmar su cuerpo y tendrá una hermosa fragancia con la que dormirse.

Engrase su cuerpo antes de bañarse, con el estómago vacío, en la mañana, y su cabeza, pies y orejas antes de dormir por la noche.

No engrase su cuerpo si tiene problemas intestinales, ya sea con estreñimiento o diarrea, está menstruando, tiene un resfriado o tos, o tiene fiebre debido a una enfermedad. Además, evite engrasar áreas que tengan erupciones o heridas si está nublado o lluvioso porque será difícil para su cuerpo absorber el aceite.

Cepille su cuerpo: para una piel firme y tonificada, ayuda con la celulitis, y en lugares que almacenan el exceso de agua, cepille en seco su cuerpo. Para los tipos de piel Vata y Pitta, use un guante de gharshana de seda cruda para una exfoliación menos abrasiva. Use un cepillo de cerdas naturales para el tipo de piel Kapha (Abel, 2017).

Sea activo: el ejercicio puede mejorar la salud de su piel. Cuando su cuerpo transpira y su sangre circula, ayuda al cuerpo a deshacerse de las toxinas y puede dejarlo con una piel brillante y saludable (Mulumba, 2019).

Semillas y nueces: las semillas y las nueces son ricas en omega-3, grasas saludables y vitamina E. Coma nueces, semillas de lino, semillas de girasol, calabaza y semillas de chía para mejorar la salud de su piel.

Beba té: es importante mantenerse hidratado durante todo el día. Beba té de hierbas y agua. El té de manzanilla, jengibre o limón puede ayudar a mantener sano el tracto digestivo. Un sistema digestivo saludable mantiene la piel brillante (Sinha, 2019).

Respire: el mundo de hoy puede emitir mucho estrés para cualquier persona, pero si sufre de estrés crónico, puede afectar su equilibrio y bienestar. Los brotes de acné y el envejecimiento prematuro pueden verse exacerbados por el estrés.

Es fundamental encontrar formas de desestresarse y reducir los niveles de ansiedad en algunos niveles. Una forma es a través de ejercicios de respiración y meditación. La respiración puede dar oxígeno a las células de la piel y mantener la piel sana (Mulumba, 2019).

Deténgase y escuche cómo está respirando: observe de dónde viene su respiración. Es posible que esté respirando demasiado superficial utilizando la parte superior del pecho. Se recomienda que respire lenta y profundamente para que sienta que el aire entra en su abdomen. Si desea ayuda para respirar profundamente, use jazmín, rosa o lavanda como su aceite esencial para inhalar. La respiración profunda aporta serenidad y tranquilidad, los elementos esenciales de la belleza (Ayurerveda, Maharishi, 2019).

Duerma bien: dormir es tan necesario para la supervivencia como la comida y el agua. El sueño es cuando su cuerpo rejuvenece, repara y repone las células de la piel y, de hecho, todas las células dañadas en su cuerpo a través del proceso de autofagia, el proceso en el que las células del cuerpo se limpian y renuevan. Si su sueño es deficiente, se interrumpe o, por lo general, no obtiene suficiente, comenzará a ver a un individuo aburrido y envejecido en el espejo. Duerma un mínimo de siete horas por noche para promover la buena salud y la apariencia (Mulumba, 2019).

Reduzca el ruido: es posible que no pueda comprar un refugio en una isla remota o en las montañas para obtener más silencio en su vida, pero puede reducir el ruido filtrando las cosas que están constantemente encendidas: la computadora, teléfono, televisión e incluso conversaciones. Sintonícelos y conéctese con su yo interior, el verdadero silencio que le permite conectarte contigo mismo. La filosofía del Ayurveda dice que esto aumenta su espiritualidad, la profundiza y le hace una persona de sustancia.

Tómese el tiempo al menos dos o tres veces por semana durante veinte minutos para cerrar la puerta, encender una vela llena de un aceite esencial que lo equilibre, cerrar los ojos y absorber el silencio y la paz, la serenidad y la calma. Se sentirá rejuvenecido y lo apreciará cuanto más practique.

Deshágase de esas bolsas debajo de sus ojos

A medida que envejecemos, las bolsas debajo de los ojos son un desarrollo común que, francamente, a nadie le gusta. Cuando nos miramos en el espejo y vemos esas bolsas, es difícil reunir la sensación de ser joven y atractivo.

Se pueden aplicar una serie de remedios naturales en el hogar, así como deshacerse de algunos malos hábitos, que pueden ayudar a disminuir esas bolsas y ayudar con las alergias:

Aceite de menta: difunda cinco gotas de aceite en casa para tratar la picazón en la garganta y desatascar el seno. Se puede agregar a una taza de té, agua o un batido.

Aceite de albahaca: funciona muy bien contra los alérgenos y reduce la inflamación.

Reduzca la ingesta de sal: la presión arterial alta está relacionada con la sal, pero todo el sodio puede promover la retención de líquidos y provocar hinchazón debajo de los ojos. Use sal marina pura del Himalaya si desea usar sal, pero moderadamente. Los alimentos salados, como la pizza, las papas fritas y algunas sopas, pueden causar estragos en la retención de líquidos. El apio puede ayudar a frenar su deseo de sal, y las verduras frescas también son una excelente opción.

Ejercicio: el ejercicio siempre ha sido una forma natural de promover un brillo juvenil y reducir los signos del envejecimiento, pero el área de los ojos se beneficiará de los ejercicios diseñados específicamente para la cara. El libro The Yoga Facelift de Marie-Veronique Nadeau muestra cómo los ejercicios de yoga facial son ejercicios lentos de los músculos faciales que tensan y tonifican. Los ejercicios implican usar una ligera presión de los dedos para actuar como resistencia.

El yoga también es beneficioso: las diversas posturas ejecutadas en el yoga pueden ayudar a aumentar la sangre que circula por la cara, eliminar el exceso de líquido y aliviar la hinchazón.

Quítese el maquillaje: antes de acostarse por la noche, quítese el maquillaje, especialmente el maquillaje de ojos. El maquillaje durante todo el día ha acumulado suciedad y polvo del medio ambiente. Dejar que el maquillaje de la cara y los ojos permanezca en la cara y los ojos puede causar irritación, hinchazón y ojos llorosos. Retire suavemente el maquillaje y agregue un poco de crema calmante natural para los ojos (Oliver, 2018).

Su posición para dormir: puede ser difícil cambiar la posición en la que duerme, pero dormir boca arriba puede evitar la acumulación de líquido alrededor de los ojos. Agregue una almohada adicional debajo de la cabeza para dormir bien. Si le resulta difícil dormir boca arriba, trate de dormir de lado. No duerma boca abajo o con la cara apoyada en las almohadas.

Alcohol: limite o elimine: su piel y cuerpo se deshidratan cuando bebe alcohol, y el área delicada alrededor de los ojos puede aparecer oscura y hundida. El alcohol también hace que los ojos estén cansados e inyectados en sangre. Limite el consumo de alcohol a una vez al día y beba más agua. Se sentirá más fresco, sus ojos se beneficiarán y la piel alrededor de los ojos estará más hidratada (Oliver, 2018).

Deje de fumar: los cigarrillos debilitan y secan la piel de su rostro, así como todo el cuerpo, y sus ojos envejecen prematuramente. Los productos químicos que se encuentran en los cigarrillos son nocivos y causan irritación en los ojos, lo que podría provocar bolsas debajo de los ojos u ojeras. Hay muchas razones para dejar de fumar. Es posible que desee investigar algunas formas naturales para dejar de fumar.

Pruebe una jarra Neti: este es un remedio que puede ser parte de su rutina diaria para reducir la hinchazón alrededor de los ojos. La jarra neti se originó en la medicina ayurvédica en la India. Parece una pequeña tetera y se puede comprar en la mayoría de las tiendas naturistas. Ayuda a eliminar la humedad adicional de infecciones, resfriados o alergias que surgen durante la temporada de alergias.

Llene la jarra con agua y agregue media cucharada de sal marina. Vierta el agua salada en una fosa nasal y deja que drene la otra fosa nasal sobre el lavabo del baño. Es una sensación extraña, al principio, pero es muy refrescante y limpiará sus senos paranasales (Oliver, 2018).

El Ayurveda ofrece muchísimos consejos de belleza que le ayudan a sentirse renovado, tranquilo y saludable. Siga estas formas naturales para cuidar su cuerpo, piel y cabello, y comience a ver diferencias notables en el tiempo. La verdadera belleza es la combinación de tres elementos: una mente equilibrada, un cuerpo nutrido y un espíritu pacífico. Lograr los tres puede parecer difícil, pero los secretos de belleza son increíblemente simples. Use este capítulo como guía para embellecerse y cuidarse cada día, cada temporada y cada año.

Capítulo 10: Recetas y bebidas ayurvédicas

Uno de los puntos del estilo de vida del Ayurveda son las elecciones. Una dieta saludable es una parte importante para obtener y mantener una buena salud.

Aquí hay algunas recetas para comidas y bebidas que son propicias para los tres doshas, Vata, Pitta y Kapha. Las opciones se indican en cada receta para observar cualquier cambio o eliminación de ciertos ingredientes para satisfacer cada preparación.

Upma - Desayuno

Este plato de desayuno del sur de la India es sabroso y delicioso. Upma también se come con otras comidas y es fácil de preparar.

La tostación ayuda a reducir la glutamina.

Si se aumentan las semillas de chile y mostaza, Kapha puede consumir con moderación. Bear Mush es similar a la crema de trigo, una farina que se cocina rápidamente.

Este plato es un equilibrio para los tres doshas:

Ingredientes

1 taza de Bear Mush o crema de trigo

½ cucharadita de cúrcuma

½ taza de aceite de cártamo o manteca

1 cucharadita de semillas de comino

1 cucharadita de semillas de mostaza negra

1 pizca hing

1 chile verde pequeño, finamente picado

¼ taza de hojas de cilantro, picadas

1 cebolla pequeña picada

½ cucharadita de sal

3 tazas de agua de coco

Cilantro para decorar

Preparación

En una sartén, ase el trigo con la crema a fuego medio hasta que se dore. Con frecuencia agite o revuelva. Alejar del calor. Ponga a un lado en un tazón.

Caliente una cacerola a fuego medio. Agregue ghee o aceite, comino y semillas de mostaza. Agregue especias cuando las semillas exploten, excepto la sal. Agregue el cilantro, el chile y la cebolla. Cocine hasta que la cebolla se dore. Agregue agua y sal. Hervir. Agregue lentamente el trigo crema asado. Dejar hervir durante uno o dos minutos, revolviendo continuamente para evitar grumos.

Agregue coco y hojas de cilantro picadas para decorar.

Exprima lima fresca en cada porción.

Chapatis

Doce porciones.

En lugar de harina de chapati, use harina de hojaldre integral.

Este plato está equilibrado para los tres doshas:

Ingredientes

4 tazas de harina de trigo integral

¾ cucharadita de sal

2 tazas de agua

Aceite de cártamo en un tazón pequeño

Preparación

Mezclar harina y sal. Cree un agujero en el medio de la harina. Agregue agua, un cuarto de taza cada vez, y use las manos para amasar la masa después de cada adición de agua.

Continúe agregando agua y amase hasta que la masa esté rígida y no se pegue a las manos. Se puede necesitar más o menos agua para lograr esta consistencia, dependiendo del clima y el nivel de humedad.

Ponga a un lado y cubra la masa durante media hora.

Después de que la masa se haya endurecido, haga la masa aproximadamente del tamaño de un huevo pequeño.

Rodar en una bola, luego rodar la bola en harina. Aplane con un rodillo o una mano.

Cepille o acaricie un lado con aceite, evitando los bordes.

Sumerja ligeramente en la harina en el lado aceitado. Doblar a la mitad. Cubra el lado aceitado. Doblar de nuevo. Pellizque los bordes juntos.

Sumerja la harina, luego extiéndala para que quede pareja y delgada, de unas cinco pulgadas de ancho en forma redonda. Gire el chapati cada vez antes de rodar nuevamente.

Coloque el chapati en una sartén caliente sazonada. Cocine hasta que el chapati burbujee y el fondo se dore. La sartén no debe ser aceitosa. Solo el aceite está en el chapati que se cepilla por un lado cada vez para cocinar.

Sobre el aceite, voltear sobre el otro lado. Cocine hasta que esté ligeramente dorado.

Cocine el chapati por dos o cuatro minutos. Envuelva en una toalla hasta que se sirva.

Arroz Especiado con Verduras - Arroz Marsala

Porciones de cuatro y cinco

Un plato versátil que es bueno para servir a finales de la primavera o principios del verano. Es una receta de cocción rápida que es perfecta para el final del día.

Ingredientes

2 tazas de arroz basmati

½ taza de cilantro fresco, picado (uso dividido)

½ taza de judías verdes picadas

½ taza de calabacín picado

½ taza de guisantes frescos (puede sustituir el brócoli, la coliflor, las papas o las zanahorias de acuerdo con la constitución)

2 pizcas de sal

½ cucharadita de semillas de mostaza

½ cucharadita de comino

¼ cucharadita de cúrcuma

Una pizca asafetida (hing)

3 dientes de ajo, finamente picados

12-14 dientes enteros

2 palitos de canela, trozos pequeños

1 pulgada de jengibre, fresco, finamente cortado en cubitos, pelado

10 vainas enteras de cardamomo

1 pizca de cayena

6-10 hojas de laurel

½ taza de ghee

1 cucharada de coco rallado

1 lima

Preparación

Lave el arroz dos veces. Lavar y picar las verduras. En una licuadora, ponga jengibre picado y un cuarto de taza de cilantro con media taza de agua y coco rallado. Licuar.

En una cacerola de tres cuartos, caliente el ghee. Agregue semillas de comino, hing, cúrcuma y semillas de mostaza. Cocine hasta que las semillas de mostaza exploten. Agregue hojas de laurel, cardamomo, clavo y canela. Calienta hasta que las especias estén fragantes. Vierta la mezcla de la licuadora. Agrega sal y ajo. Cocine hasta que el ajo esté ligeramente dorado. Agregue el arroz y las verduras y mezcle bien, luego agregue la pimienta. Vierta cinco tazas de agua para hervir. Reduzca el fuego, cocine a fuego lento y cubra sin apretar.

Cocine durante hasta dieciocho veinte minutos (hasta que el arroz esté cocido y las verduras estén tiernas). Coloque en un plato para servir y exprima sobre él jugo de lima fresco. Espolvoree coco rallado y cilantro picado encima antes de servir.

Kitchari - Comida antigua/Tiempos modernos

Esta es una receta antigua. Su composición es mung dal y arroz basmati y tiene tantas formas variadas de elaboración como la cantidad de personas que la cocinan. Kitchari se cocina en una olla. Las verduras y las especias pueden generar un equilibrio para los tres doshas. Es fácil y rápido de preparar, y es un plato popular para casi todos los estilos de vida.

La combinación tridoshic es una buena combinación de proteínas de mung dal y arroz basmati que crean un alimento equilibrado. Es un alimento completo que proporciona vitalidad y fuerza y es fácil de digerir. Proporciona alimento a todos los tejidos del cuerpo.

Kitchari generalmente significa una mezcla de dos granos. Hay alternativas a la receta para satisfacer los doshas. Kitchari es el alimento más preferido para usar cuando se realiza un programa de limpieza o en un monofasio. Kitchari también rejuvenece las células y desintoxica.

Opciones: batata, calabacín, espárragos

Vata o Kapha: una pizca de polvo de jengibre

Pitta: elimine las semillas de mostaza

Ingredientes

½ taza de arroz basmati

6 tazas de agua

1 taza de mung dal, amarillo dividido

½ cucharadita a una pulgada de raíz de jengibre, rallada o picada

¼ cucharadita de sal mineral

2 cucharadas de ghee

½ cucharadita de cilantro en polvo

½ cucharadita de comino, semillas enteras

½ cucharadita de comino, en polvo

½ cucharadita de cúrcuma, en polvo

½ cucharadita de semillas de mostaza

Un puñado de hojas de cilantro

1 ½ taza de vegetales variados (opcional)

Preparación

Retire con cuidado las piedras de arroz y dal. Lave cada uno por separado. Cambie el agua dos veces durante el lavado para cada uno. Combinar en una olla. Agregue seis tazas de agua. Cubra y cocine por unos veinte minutos hasta que estén suaves.

Mientras se cocina el arroz y el dal, prepare las verduras y córtelas en trozos pequeños. Agregue verduras al arroz y dal. Cocine durante diez minutos adicionales. Saltee las semillas en el ghee hasta que exploten. Agregue otras especias y revuelva el arroz, el dal y las verduras.

Agregue sal mineral, cilantro picado y sirva.

Tés para cada Dosha

Agregue ingredientes en partes iguales para todos los tés:

Té Vata: cilantro, comino y jengibre molido

Té Pitta: hinojo, cilantro y comino

Té Kapha: canela, jengibre molido, una pizca de clavo

VERDURAS

Apio y Berenjena

Ingredientes

1 berenjena grande, cortada en trozos

4 tallos de apio picados

1 taza de cilantro

Una pizca de cúrcuma

½ cucharadita de ghee

Sal y pimienta (opcional)

Preparación

Coloque media cucharadita de ghee en un wok. Caliéntelo. Agregue la cúrcuma y el apio.

Freír dos minutos, revolviendo constantemente. Agregue media taza de agua caliente. Cocine a fuego medio hasta que el líquido se evapore.

Agregue la berenjena y la mitad del cilantro. Fría durante otro minuto.

Agregue medio litro de agua caliente y hierva. Luego baje el fuego. Cocine hasta que las verduras se ablanden. Agregue el resto de cilantro y sal y pimienta. Servir.

Berenjena y Calabacines

Ingredientes

3 calabacines medianos

1 berenjena grande

½ cucharadita de cúrcuma

1 cucharadita de remolacha rallada

1 cucharadita de sal

1 cucharadita de tomillo

1 cucharadita de albahaca

1 hoja de laurel

1 cucharada de ghee

Preparación

Picar los calabacines y la berenjena en trozos gruesos.

Sofría los calabacines y la berenjena durante uno o dos minutos en el ghee.

Agregue dos tazas de agua caliente y todos los demás ingredientes. Cocine a fuego lento durante cinco minutos.

Agregue remolacha y cúrcuma. Sirva.

Caldo sabroso

Ingredientes

1 apio grande

5 zanahorias, en jugo

3 hojas de coliflor

3 rodajas grandes de raíz de jengibre

½ piña cortada en cubitos

1 cucharadita de semillas de hinojo

1 taza de cilantro, fresco, picado

1 cucharadita de sal

1 cucharadita de pimienta

Preparación

Caliente un litro y medio de agua en una cacerola. Agregue todos los ingredientes, excepto el jugo de cilantro y zanahoria, y cocine a fuego lento hasta que esté cocido. Cuele.

Agregue el cilantro y el jugo de zanahoria. Servir.

Estofado de vegetales

Ingredientes

5 zanahorias medianas, picadas en palitos

1 calabaza mediana, picada

1 berenjena mediana, cortada en cubitos

2 calabacines, cortados en cubitos

1 bulbo de hinojo picado

½ cucharadita de pimentón

½ cucharadita de tomillo

Sal y pimienta

Preparación

Freír las hierbas y especias en el ghee. Agregue zanahorias, hinojo y 1 taza de agua caliente.

Cuando el líquido se haya evaporado, agregue las otras verduras y 1 litro de agua caliente. Cocine durante 30 minutos.

Añadir sal y pimienta al gusto. Servir.

Calabacines picantes

Ingredientes

2 calabacines medianos, cortados en tiras finas

2 cucharaditas de jengibre rallado

1 cucharadita de ghee

½ taza de jugo de zanahoria

Preparación

Prepare los calabacines. Caliente el ghee. Freír el jengibre hasta que esté dorado.

Añadir calabacines. Continúe friendo hasta que esté ligeramente dorado. Revuelva ocasionalmente.

Agregue el jugo de zanahoria y cocine a fuego lento hasta que los calabacines estén tiernos y el líquido esté casi evaporado. Servir.

Espinacas y Apio

Ingredientes

1 cucharada de ghee

3½ libras de espinacas

6 tallos de apio, cortados en trozos pequeños

½ cucharadita de nuez moscada rallada

1 cucharadita de vata churna

1 cucharada de salsa de soja

1 cucharada de tomillo

1 cucharada de estragón

Preparación

Caliente el ghee y saltee las espinacas. Cubra con agua para que la espinaca solo quede sumergida.

Agregue todos los ingredientes, excepto la nuez moscada. Cocine a fuego lento durante aproximadamente diez minutos.

Servir caliente y espolvorear con nuez moscada.

Verduras gruesas

Ingredientes

1 berenjena

4 mooli de bebé

2 calabacines

1 cucharadita de kapha churna o idiota

1-2 cucharaditas de ghee

Preparación

Picar las verduras en trozos grandes y gruesos. Mezcle mooli y calabacines con especias, luego deje reposar durante quince minutos.

Calentar la mitad del ghee en un wok y saltear la berenjena durante un minuto. Retirar y reservar.

Agregue el ghee, mooli y calabacines restantes al wok. Sofría por dos minutos.

Agregue 1 taza de agua hirviendo. Cocine a fuego lento hasta que el agua se evapore. Agregue la berenjena y 2 tazas más de agua hirviendo. Cocine a fuego lento hasta que las verduras estén cocidas.

Zanahorias Glaseadas

Ingredientes

8 oz de zanahorias, en rodajas

½ cucharadita de ghee

1 cucharada de salsa de soja

1 cucharadita de jarabe de arce

Preparación

Cueza al vapor o hierva las zanahorias hasta que estén tiernas. Cuele.

Caliente el ghee en una sartén. Sofría las zanahorias hasta que estén ligeramente doradas.

Agregue la salsa de soja y el jarabe de arce.

Mezcle y sirva.

Batatas al curry

Ingredientes

2 batatas, en cubos

½ tallo de puerro, en rodajas

1 diente de ajo, picado (o una pizca de hing)

1 cucharadita de kapha churna ghee

½ cucharadita de cúrcuma

½ cucharadita de pimienta negra

½ cucharadita de sal

Preparación

Precalentar el horno a 375 °.

Hervir las batatas hasta que estén casi cocidas. Colar (mantener el líquido a un lado).

Caliente un wok con ghee. Agregue el puerro y el ajo. Freír hasta que estén doradas.

Agregue las especias y revuelva por un minuto. Agregue las papas y revuelva durante dos minutos.

Agregue el agua de las papas hervidas. Llevar a ebullición, luego baje el fuego. Cocine hasta que el líquido se reduzca a la mitad.

Coloque en una fuente para hornear y cocine durante media hora. Servir.

Hinojo y pimientos rojos

Ingredientes

2 bulbos de hinojo, trozos grandes (al vapor)

1 pimiento rojo, cortado en tiras

Semillas de sésamo (opcional)

1 cucharadita de ghee

1 taza de agua caliente

Preparación

Caliente el wok con el ghee. Agregue las semillas de sésamo y fría durante un minuto.

Agregue el hinojo y el pimiento rojo. Freír durante uno o dos minutos. Agregue una taza de agua caliente y cocine hasta que el hinojo esté suave.

Servir.

Puré de calabaza

Ingredientes

1 calabaza mediana

1 zanahoria mediana

1 hinojo mediano

1 calabacín mediano

Nuez moscada pizca

1 ½ litros de agua caliente

¼ cucharadita de pimienta

Preparación

Pique la calabaza, la zanahoria, el hinojo y el calabacín.

Coloque todos los ingredientes en una cacerola y cubra con agua caliente. Llevar a ebullición, luego cocine a fuego lento hasta que el agua casi se evapore.

Se puede servir como acompañante de plato: hacer puré o licuar.

PLATOS CON CURRY

Coliflor al curry

Ingredientes

1 cucharadita de ghee

1 coliflor mediana, cortada en floretes

2 manzanas medianas, picadas

1 cucharada de sultanas

2 zanahorias medianas, cortadas en cubitos

½ berenjena picada

2 cucharaditas de cilantro molido

½ cucharadita de canela molida

2 cucharaditas de comino

1 cucharadita de jengibre

1 taza de cilantro fresco

1 taza de agua hirviendo

2 tazas de agua caliente

Sal y pimienta al gusto

Preparación

Freír la coliflor en el ghee durante cuatro minutos, revolviendo ocasionalmente.

Agregue el agua y las verduras restantes. Caliente a fuego alto, revolviendo lentamente hasta que el agua se evapore.

Agregue todos los demás ingredientes. Agregue el agua caliente, cocine a fuego lento y revuelva una o dos veces. Agregue más líquido si es necesario.

Agregue el cilantro fresco. Servir.

Vata, Pitta o Kapha Curry

Ingredientes

1 manzana

2-3 dátiles

1 cucharadita de jengibre

3 bombillas medianas de hinojo

2 zanahorias medianas, ralladas

1 apio

6 judías verdes

1 cucharadita de cúrcuma

1 taza de calabaza

2 cucharaditas de churna (vata o pitta o kapha)

1 cucharadita de comino

1 cucharadita de cardamomo

1 litro de agua hirviendo

2 cucharaditas de ghee

Preparación

Pique la manzana, dátiles, jengibre, hinojo, zanahorias, apio y calabaza.

Cubra las verduras con las hierbas y especias. Dejar de diez a veinte minutos.

Caliente el ghee y fría durante dos minutos, revolviendo continuamente.

Agregue una taza de agua hirviendo y cocine hasta que el líquido se evapore. Agregue el agua restante y deje hervir.

Cocine a fuego lento hasta que las verduras estén cocidas. Servir con arroz.

Curry de calabaza e hinojo

Ingredientes

1 cucharadita de ghee

1 calabaza mediana

½ litro de leche de coco

2 tazas de hinojo

1 taza de zanahorias

3 tazas de agua

1 cucharadita de comino

1 cucharadita de cardamomo molido

1 cucharadita de cúrcuma

1 cucharada de cilantro fresco

1 cucharadita de sal

Preparación

Picar la calabaza, el hinojo, las zanahorias y el cilantro fresco.

Caliente el ghee en una cacerola. Agregue las verduras, hierbas y especias. Agregue un poco de agua y hierva. Cocine a fuego lento durante veinticinco minutos.

Agregue la leche de coco y cocine a fuego lento durante unos minutos.

Agregue el cilantro. Servir.

Dulce korma

Ingredientes

1 cucharadita de ghee

½ pimiento rojo

½ manzana dulce

1 calabacín

1 berenjena mediana

½ taza de fechas

1 cucharadita de jengibre rallado, fresco

1 cucharadita de cardamomo molido

¼ cucharadita de nuez moscada

½ taza de pasas

2 cucharaditas de mezcla de korma

1 taza de leche de coco

Agua

Sal y pimienta al gusto

Preparación

Picar la manzana y los dátiles. Rebane el pimiento rojo y el calabacín. Cortar la berenjena en cubos. Rallar la nuez moscada y el jengibre.

En un wok, derrita el ghee. Agregue el pimiento rojo y saltee durante un minuto.

Agregue media taza de agua y cocine hasta que el líquido se evapore.

Agregue el calabacín y cocine durante un minuto. Agregue los ingredientes restantes y un cuarto de litro de agua.

Llevar a ebullición, luego baje el fuego. Cocine a fuego lento hasta que las verduras estén cocidas.

Agregue la leche de coco y cocine a fuego lento durante otros dos minutos. Servir.

SOPAS

Sopa de zanahoria

Sirve de cuatro a seis porciones

Todos los doshas pueden consumir esta sopa. Pitta puede sentir el calor de las zanahorias y el jengibre. El coco aporta cualidades refrescantes para disminuir las cualidades de calor del jengibre y las zanahorias. Los sabores dulces del jengibre cristalizado y el azúcar también ayudan a disminuir el calor.

Ingredientes

2 cucharadas de mantequilla

2 libras de zanahorias, peladas y picadas

2 cebollas marrones pequeñas, picadas

4 tazas de agua

½ cucharadita de bicarbonato de sodio

¾ tazas de leche de coco, baja en grasa

1 cucharada de jengibre rallado

¼ taza de jengibre, cristalizado

1 cucharadita de azúcar

1 manojo de cilantro

2 cucharaditas de sal

Sal y pimienta al gusto

Preparación

Picar y pelar las zanahorias. Picar las cebollas y el cilantro.

En una olla, caliente la mantequilla a fuego medio hasta que se derrita. Agregue el jengibre rallado, el jengibre cristalizado, la cebolla y el azúcar. Cocine durante cinco a diez minutos hasta que las verduras se ablanden.

Agregue las zanahorias, el agua y el bicarbonato de sodio. Llevar a fuego lento, tapar y bajar el fuego. Cocine a fuego lento durante aproximadamente veinte minutos o hasta que las zanahorias estén tiernas.

Haga puré la sopa en lotes en una licuadora. Devuelva la sopa a la olla. Agregue la leche de coco. Cocine a fuego medio - bajo hasta que la sopa esté caliente.

Añadir sal y pimienta al gusto.

Espolvorear sobre el cilantro. Sirva con chapatis para una comida ligera.

Sopa de maíz

La sopa generalmente se sirve al mediodía y por la noche, pero la sopa de maíz también es buena para el desayuno.

La sopa de maíz es un equilibrador para los doshas, pero para vata, el efecto a largo plazo es el secado, por lo que puede comerlo ocasionalmente. Para pitta, solo con moderación, y el cilantro elimina el calor para pitta.

Esta es una buena sopa para bajar de peso siempre que se cocine sin ghee. También es buena para las personas con colesterol alto.

Ingredientes

5 mazorcas de maíz

5 tazas de agua

¼ taza de agua

1 pulgada de jengibre fresco, pelado, picado

1 cucharada de hojas de cilantro, picadas

2 cucharadas de ghee (excepto la versión para bajar de peso)

1 cucharadita de semillas de comino

1 pizca de sal

¼ cucharadita de pimienta negra

Preparación

Lave el maíz y córtelo de la mazorca para hacer cuatro tazas. Ponga el maíz en una licuadora. Agregue dos tazas de agua. Mezcle. Ponga a un lado en un tazón.

Licúe el cilantro, el jengibre y un cuarto de taza de agua durante un minuto hasta que se licue.

En una olla, agregue manteca y comino y cocine a fuego medio. Agregue las especias mezcladas, el maíz y la pimienta negra. Cuando las semillas exploten, agregue el agua restante y mezcle.

Hervir suavemente durante quince a veinte minutos hasta que estén tiernos. Revuelva algunas veces. Agregue la sal y la pimienta negra al gusto.

Decorar con las hojas de cilantro y servir.

Tés

Té Vata

½ cucharadita de comino entero

½ cucharadita de semillas de cilantro

½ cucharadita de semillas de hinojo

1 pizca de polvo de regaliz de raíz entera

3 pizcas de polvo de raíz de ashwagandha

Llevar a ebullición 1 litro de agua. Agregue las especias y cubra a remojo.

Viértalo en un termo y beba durante todo el día.

Beber a una temperatura cálida.

Té Pitta

2 pizcas de polvo de zarzaparrilla india

¼ cucharadita de comino

2 pizcas de regaliz en polvo

½ cucharadita de semillas de hinojo

½ cucharadita de semillas de cilantro

Hervir 1 litro de agua. Agregue las especias y cubra a remojo.

Viértalo en un termo y beba durante todo el día.

Beber a temperatura ambiente.

Té Kapha

2 hojas de albahaca

2 rodajas finas de raíz de jengibre fresco

2 clavos enteros

½ cucharadita de semillas de comino enteras

2 pizcas de regaliz en polvo

Hervir 1 litro de agua. Agregue las especias y cubra a remojo.

Viértalo en un termo y beba durante todo el día.

Beber a temperaturas cálidas - altas.

Beba durante y después de las comidas.

Té Desintoxicante

¼ cucharadita de comino entero

½ cucharadita de hinojo entero

½ cucharadita de cilantro entero

Hervir 1 litro de agua. Agregue las especias y deje reposar durante diez minutos. Cubrir.

Colar las especias y verter agua en un termo.

Beba durante todo el día.

VEGETALES Y JUGO DE FRUTAS HECHOS EN CASA

Estos jugos caseros son maravillosos para las papilas gustativas y un tónico restaurador para el cuerpo. Contienen una gran cantidad de antioxidantes, vitaminas, enzimas nutricionales y minerales que el cuerpo puede digerir fácilmente. Se pueden consumir una o dos pintas de jugo cada día, pero los jugos que tienen frutas y verduras crudas/cocidas también deben formar parte de una dieta diaria. Estos jugos ayudan a limpiar el colon y mantener el sistema digestivo funcionando correctamente.

Jugos equilibrados Vata

Remolacha, zanahoria, pepino (dolores de cabeza y pérdida de peso)

Manzana (dolores de cabeza, asma y artritis)

Limón y jengibre (migrañas)

Manzana, guayaba y papa (insomnio)

Remolacha (aumento de peso y un limpiador del hígado)

Uva (buena para el reumatismo, la piel seca y el estreñimiento)

Albaricoque, naranja, arándano, durazno, granada, piña (combinación diferente)

Zanahoria, espárragos, pepino, nabo, judías verdes, calabaza (diferentes combinaciones)

Jugos equilibrados Pitta

Zanahoria, jengibre (ojos)

Zanahoria, espinacas (purifica la sangre, buena para bajar de peso)

Sandía (refrescante y diurética)

Piña, durazno, granada, manzana, ciruelas pasas, uvas (diferentes combinaciones)

Apio, espárragos, papa, pepino, puerro, guisantes, repollo (diferentes combinaciones)

Jugos equilibrados Kapha

Uva (estreñimiento)

Zanahoria, pepino, apio (pérdida de peso)

Naranja, papaya, granada (reduce el estreñimiento)

Manzanas, bayas, peras, cerezas, duraznos, mangos, ciruelas pasas (diferentes combinaciones)

Zanahoria, espárragos, papa, espinacas, apio (diferentes combinaciones)

OTRAS BEBIDAS Y DIGESTIVOS

Agua caliente

El agua caliente reduce las impurezas y la toxicidad en los tejidos, es buena para la pérdida de peso y la digestión, y equilibra la fisiología de todo tipo de cuerpo. También es un limpiador general y purificador del cuerpo.

Hervir agua, preferiblemente destilada, y luego verter en un recipiente.

Tome pequeños sorbos durante todo el día.

Agregue limón, jengibre fresco o menta para obtener más sabor si lo desea.

Bebida de leche nutritiva

1 taza de leche orgánica

8-10 pasas

2 cucharaditas de jengibre raíz

Una pizca de cúrcuma

Una pizca de cardamomo

½ cucharadita de ghee

Vaina de vainilla de ½ pulgada

Nuez moscada pizca

Coloque los ingredientes (excepto el ghee) en una cacerola. Lleve a ebullición lentamente, luego cocine a fuego lento durante dos minutos, revolviendo continuamente. Agregue el ghee. Verter en una taza y beber.

La leche de arroz o la soja pueden usarse para la intolerancia a la lactosa. La leche hirviendo descompone las proteínas, lo que hace que sea mucho más fácil de digerir y causa menos moco y congestión que beber leche fría.

No debe tomarse con las comidas, sino solo para el desayuno y/o antes de acostarse.

Según el Ayurveda, la leche es rejuvenecedora, fortalecedora y nutritiva. Calma la mente y promueve la longevidad. Tiene un alto contenido de calcio y se ha demostrado que reduce los niveles de colesterol. Las personas diagnosticadas con intolerancia a la lactosa pueden digerir pequeñas cantidades de leche hervida, especialmente una vez que se agregan los ingredientes anteriores.

Pepinillo de jengibre

½ cucharadita de jengibre rallado

½ cucharadita de jugo de limón, recién exprimido

½ cucharadita de miel, prensado en frío / orgánico

Pizca de sal

Los ingredientes son suficientes para una porción, pero es más conveniente hacer el suministro de una semana. Para hacer esto, ralle el jengibre fresco para llenar la mitad de un frasco de mermelada, cubra con jugo de limón y guárdelo en el refrigerador. Veinte minutos antes del almuerzo o la cena, tome una cucharadita de la mezcla de jengibre/limón, agregue miel (al gusto) y una pizca de sal.

Tomar jengibre encurtido regularmente ayuda a mantener una digestión fuerte y saludable. Mejora la asimilación y el metabolismo de los nutrientes de los alimentos que consume.

Desde un punto de vista ayurvédico, contiene los seis gustos (dulce, agrio, salado, amargo, picante y astringente) necesarios para satisfacer el paladar. El cuerpo se sentirá equilibrado y satisfecho.

Receta de dátil

Remojar de diez a quince unidades durante la noche. En una cacerola, cocine durante diez o quince minutos. Retire las semillas, luego mezcle con una cucharadita de ghee y una pizca de cardamomo.

Bueno con el desayuno o como una merienda en la tarde.

Resumen

Hay muchos aspectos en la práctica del Ayurveda que son buenos, positivos y saludables para nuestra mente, cuerpo y espíritu. Cada capítulo de este libro nos ha mostrado cómo nos beneficiamos de los diferentes elementos que componen el estilo de vida ayurvédico.

Cada elemento del Ayurveda está entrelazado entre sí. Descubrimos cómo se cuida nuestro ser total, no solo lo superficial o una parte de él. A veces podemos dar esto por sentado.

El Ayurveda nos permite comprender cómo nos manejamos cada día. Si estamos estresados, todos los elementos del Ayurveda abordan el estrés o la ansiedad que enfrentamos en nuestras vidas. Si tenemos una enfermedad, podemos sobrellevarla con hierbas y medicamentos ayurvédicos.

Para muchos, el Ayurveda se está convirtiendo en una alternativa a las píldoras y medicamentos que la medicina convencional usa para tratar la enfermedad que ya se ha manifestado y a un costo que se ha vuelto inalcanzable. Las personas están buscando más para prevenir que ocurran enfermedades o tratarlas mejor y mantener una que ya se haya arraigado. Es por eso que este sistema médico se está convirtiendo en una opción más.

Si nos enfrentamos a una vida diaria agitada, podemos encontrar consuelo en la meditación o el yoga para poner espacio entre nosotros y el caos de nuestro mundo. Puede haber un evento que haya causado tristeza que puede ser difícil de abordar, y el Ayurveda puede ayudar a aliviar los sentimientos con los que estamos luchando y ayudarnos a superarlo.

La meditación, el yoga y la aromaterapia están interconectados y ayudan a brindar salud y tranquilidad. Solo la idea de tener unos minutos de serenidad y espacio para disfrutar de un masaje, inhalar fragancias estimulantes o relajantes, estirar el cuerpo y liberar cualquier tensión parece una forma perfecta de tratar nuestro cuerpo, mente y salud.

Podemos curarnos gracias a las propiedades de las hierbas y los aceites esenciales del Ayurveda. Cada persona puede reducir la inflamación, el estrés y tratar ciertas enfermedades. A medida que envejecemos, es imperativo proteger nuestro cuerpo de enfermedades y daños. Practicar yoga, usar remedios naturales y conocer cómo puede mantener un alto nivel de salud es invaluable para su salud y bienestar.

Con el Ayurveda, podemos entender mejor quiénes somos y conocer nuestro dosha, constitución y aprender cómo comer mejor y qué tipo de alimentos evitar. Y para aquellos de nosotros que tenemos problemas con nuestro peso, esta es una manera perfecta de entender realmente por qué nuestro cuerpo no responde como nos gustaría cuando se trata de perder el peso indeseado. Encontrar formas naturales de perder peso a través de la dieta, la estimulación mental y física, y buscar la calma en realidad puede ayudar.

Millones de personas en todo el mundo practican el Ayurveda para su salud. Tienen estabilidad mental, así como la calma y la paz que les proporciona. Es de esperar que comprenda mejor la medicina ayurvédica, su longevidad como sistema médico y el estilo de vida positivo que puede ofrecer. Ahora usted puede compartir el hermoso mundo que es el Ayurveda con las personas que más le importan.

Namaste

Conclusión

Gracias por leer *Desbloqueando los secretos de la curación hindú a través de la dieta del Ayurveda, el yoga, la aromaterapia y la meditación.* Debería haber sido informativo y haberle proporcionado toda la información que necesita para comprender la práctica del Ayurveda y los beneficios para la salud que puede ofrecer.

Basado en la creencia de que se puede lograr la salud creando un equilibrio de mente, cuerpo y espíritu, el Ayurveda es la ciencia que es hermana del yoga. Nuestra salud personal se puede cambiar a través de nuestra conciencia de nuestros entornos. La base de la salud es lograr el equilibrio de la mente y el cuerpo.

El Ayurveda es una práctica hermosa que proporciona paz, salud y bienestar. Es un estilo de vida que, al principio, podría ser un cambio en la forma en que usted pensaba o vivía, pero adoptar incluso porciones del Ayurveda es una forma maravillosa de ser bueno usted mismo y, a su vez, ser bueno con los demás.

Leer este libro debería haberle iluminado las muchas facetas del Ayurveda y lo que necesitamos para equilibrar nuestra mente, cuerpo y espíritu. El yoga, la meditación y la aromaterapia son algunos de los elementos del estilo de vida ayurvédico.

El siguiente paso es identificar las necesidades de su mente, cuerpo y espíritu y utilizar este libro como guía para lograr la simetría que el Ayurveda se esfuerza por enseñar y proporcionar.

Use la información que se encuentra en este libro para crear un plan maestro y adoptar la práctica del Ayurveda. Incorpore los elementos curativos en su vida y abrace la paz y el bienestar que proporciona el Ayurveda.

Segunda Parte: Yoga Sutras

Una guía esencial para entender los Yoga Sutras de Patanjali

Introducción

Juguemos a un juego. Voy a hacer una pregunta cliché. Solo tiene que dar dos respuestas. Una ahora y la otra al final de esta introducción, justo antes de ahondar en los capítulos de este libro. Mi pregunta es simple. ¿Es usted feliz?

Digamos que las cosas salieron como deberían, que ganó ese ascenso, que se hizo socio, o que su cheque es más generoso de lo que solía ser hace un año. O tal vez su relación va bien (o encontró el equilibrio después de que una pareja tóxica desapareciera), y su índice de masa corporal es ideal, diría que sí, ¿no?

¿Y si le dijera que, sin estas cosas, podría seguir siendo feliz? Digamos que la suerte fue lanzada y que tiene menos de un dólar a su nombre. Digamos que está agobiado por los préstamos estudiantiles, o que ha perdido a un ser querido, o que le aterroriza mirarse al espejo por miedo a que no le guste lo que ve. Es una locura pensar que todavía sería feliz, ¿verdad?

En la vida, dependemos de muchos factores externos para ser felices. Estos factores son temporales y tan impredecibles como el mercado de valores. Debido a nuestra falta de conciencia, vivimos nuestras vidas atrapados en una carrera de ratas por el éxito, la felicidad y todos los demás medios de gratificación, la mayoría de los cuales no son definidos personalmente por nosotros. Mientras existimos en lugar de vivir, la vida se desvanece. Buscamos sin cesar el próximo viaje, olvidando que hay un camino a la felicidad – uno que no es efímero – un rumbo lleno de propósito, alegría y significado sin importar las circunstancias de la vida.

El yoga es una práctica probada y confiable, no solo para la salud y la flexibilidad (aunque eso es un bonus), sino para el desarrollo personal y el despertar espiritual. Una compilación de 196 aforismos conocidos como sutras contienen lecciones recopiladas hace más de dos mil años por un sabio llamado Patanjali (पतञ्जलि).

Estos sutras están divididos en cuatro capítulos, cada uno de los cuales esboza pepitas de sabiduría espiritual, algunas de las cuales tienen lecciones muy claras. En contraste, otros son más complejos con un significado ligeramente diferente dependiendo de a quién se le pregunte. Todos los capítulos fueron tratados en este libro. Las lecciones de cada capítulo se mantienen simples sin alejarse del contenido original y el mensaje subyacente.

Puedo garantizarle una lectura divertida e inspiradora. El yoga hace más que hacerle sudar, respirar más fácilmente y hacerle comprar ropa deportiva de moda. Practique yoga el tiempo suficiente, y ganará ciertos superpoderes – ninguno de los cuales debe ser usado de forma egoísta, le advierto. Algunas otras cosas que aprenderá en este texto incluyen, pero no se limitan a:

- Cómo encontrar su centro, para que no experimente la vida como una cometa a merced de los vientos;
- Cómo sintonizarse con el lenguaje sutil de su cuerpo, porque le guste o no, su cuerpo se comunica con usted más a menudo de lo que se da cuenta;
- Cómo mejorar sus niveles de concentración y silenciar las divagaciones internas de su mente;
- Cómo observar y reaccionar objetivamente, guiando su percepción hacia lo que es justo y digno de confianza.

¿Tengo su atención ahora? ¿Qué tanto desea pasar la página? Antes de que usted lo haga, le pregunto de nuevo: ¿Es feliz? Si lo es, entonces lea esto solo por diversión. Lea por la misma razón si, está indeciso. Puede que descubra la felicidad en una (o todas) estas páginas. Espero que permanezca atento hasta que llegue al final del último capítulo. ¡Namaste!

Capítulo uno: Introducción a la filosofía del yoga

Orígenes humildes

La palabra "Yoga" se originó de la palabra sánscrita "Yuj", que significa "unir", "yugo" o "unirse". En las escrituras yóguicas, la práctica del yoga inicia una armonía o equilibrio entre la conciencia individual y la conciencia universal, que conduce a un equilibrio perfecto entre el cuerpo, la mente, el hombre y la naturaleza.

Esta armonía de la existencia define la integración de la persona humana al más alto nivel, por lo que se dice que los genuinos practicantes de yoga han alcanzado un estado mental conocido como "Nirvana", "Mukti" o "Moksha", todos ellos estados de emancipación o liberación.

El yoga es una formación espiritual psicosomática centrada en la salud, la armonía y la superación de todos los estados de sufrimiento y dolor humanos para recuperar el dominio de nuestro destino. Maharishi Patanjali describe el yoga como el arte de suprimir las modificaciones de la mente humana para lograr la completa auto-realización.

La filosofía del yoga

En la cultura india, la palabra para filosofía es "Darśana", de la palabra sánscrita "Drish", que significa "experimentar o ver". El yoga es una práctica espiritual arraigada en la antigua sabiduría, pensamiento y vida de la India. El yogui en darśanas nos instruye a ver la vida tal como es, viviendo la vida de manera que el equilibrio de la mente y el cuerpo comprenda fácilmente la verdad. Las seis filosofías de yoga se entrelazan entre sí para formar un impresionante sistema filosófico conocido como el Sábalo Darśana, y ellos son:

1. **Nyāya o juicio o lógica (sánscrito न्याय):** El sabio Aksapada Gautama fue un defensor del yoga desde una perspectiva multidimensional, que se presta a la lógica y sostiene los ideales de las prácticas, las reglas y el juicio correctos. Hay cuatro maneras de obtener conocimiento:

- A través de la inferencia, o Anumāna (sánscrito: अनु),
- A través del testimonio o la palabra, también conocido como Śabda (sánscrito: शब्द)
- A través de la evidencia y la observación, o Pratyakṣa (sánscrito: प्रत्यक्ष), y
- Por comparación o semejanza, o Upamāṇa (sánscrito: उपमान).

2. **Sānkhya (sánscrito सांख्य), el estudio del universo físico también conocido como cosmología:** El sabio Kapila fundó esta filosofía. Ofrece una base para todos los niveles de manifestación, sin importar cuán pequeños o grandes sean. La palabra Sānkhya se origina en la palabra sánscrita "SamyagAkhyate", que significa "lo que explica o predice el todo".

• Sānkhya también implica a Ahaṃkāra (अहंकार que significa ego u orgullo)

• Prakṛti (energía, potencia, fuente o naturaleza)

• Purusha (sánscrito: Puruṣaपुरुष que significa espíritu, conciencia o yo), buddhi (intelecto o capacidad de discernimiento)

• Manas (sexto sentido)

• Los tres Gunas: Tamas (oscuridad, muerte o destrucción); Sattva (pureza, bondad y luz); y Rajas (nacimiento, pasión o energía)

• Indriyas o facultades sensoriales que incluyen los cinco Jnanendriya o sentidos de la sabiduría (Chaksu-ojos, Shotra-oídos, Jiva- lengua, Tvak- piel, y Grahnu- nariz)

• Las cinco Karmendriyas (acción o medios de expresión como Vak (la boca para proclamar), Payu (el recto para eliminar), Pani (las manos para agarrar), Upgastha (los genitales para procrear), y Pada (los pies para moverse)

• Los cinco elementos: Vayu (aire), Prithvi (tierra), Jala (agua), Akasha (éter) y Agni (fuego)

3. **PūrvaMīmāṃsā o Mīmāṃsā (sánscrito मीमांसा), pensamiento reverenciado, reflexión o investigación crítica:** El sabio Rishi Jaimini fue el fundador de esta filosofía, enfatizando firmemente la importancia de la intuición profunda. El Moksha, o iluminación, puede lograrse a través de la adoración, el ritual y/o la ética. Esta es la filosofía que más tarde se convirtió en la filosofía del karma (sánscrito: कर्म) o causa y efecto.

4. Vaiśeṣika o Vaisheshika (sánscrito वैशेषिक), la observación científica: Kanada Kashyapa propuso por primera vez esta filosofía alrededor del siglo II. Más tarde, el renombrado Praśastapāda, filósofo y escritor de la antigua "Colección de Propiedades de la Materia" o "Padārtha-dharma-saṅgraha" desarrolló más esta filosofía. Enfatiza la importancia de la química, la física, las ciencias físicas y los cinco elementos.

5. Vedānta (sánscrito: वेदान्त), el fin de los Vedas): En el siglo VII, el filósofo Gaudapada creó esta filosofía, que luego fue desarrollada en el siglo VIII por Adi Shankara. Esta escuela de pensamiento enseña métodos de auto-realización más allá de la muerte, la descomposición o la decadencia. Uno de los principios fundamentales de la filosofía Vedanta es Mahāvākyas (los grandes dichos de los textos antiguos usados en la meditación). Esta filosofía fue descrita en los escritos de los Upanishads. El poema Vivekachudamani (sánscrito विवेकचूडामणि) de Adi Shankara es una maravillosa demostración de la filosofía Vedanta.

6. Yoga (sánscrito: योग, que significa esfuerzo, unión o introspección): Aparte de ser un ejercicio espiritual, el yoga es también una filosofía. La filosofía del yoga está estrechamente relacionada con la ideología de Sānkhya. La única diferencia es que el yoga cree en la existencia de un Dios o dioses y depende solo de tres de las seis pruebas de conocimiento (prāmaṇas), a saber: Anumāna o inferencia, Pratyakṣa o percepción, y Āptavacana/ Śabda o testimonio.

Formas de yoga

Hay muchas formas de yoga, cada una con su carácter y enfoque únicos, como son:

Karma Yoga: También llamado Karma marga y conocido como el yoga de la acción. El karma yoga tiene como objetivo establecer una vida libre de negatividad, ego y egoísmo.

Jñāna Yoga: Esta forma de yoga se dedica a adquirir sabiduría a través del estudio.

Rāja Yoga: Anteriormente llamado Aṣṭāṅga yoga o yoga clásico, esta forma de yoga se alinea estrechamente con los sutras del yoga de Patanjali. En los antiguos textos sánscritos, es la forma más elevada de yoga que garantiza la concesión del Samadhi o iluminación a través de la mediación y una forma de adhesión a los ocho miembros del yoga (a los que llegaré más adelante en este libro).

Hatha Yoga: Este es un camino físico y mental del yoga creado para aumentar la fuerza de la mente y el cuerpo.

Bhakti Yoga: Se trata de la devoción incondicional a Dios y la innegable importancia de la pureza (Sattva). Se trata de encontrar las mejores formas para dirigir las emociones, crecer en paciencia, tolerancia y comprensión.

Tantra Yoga: La palabra tantra viene del término sánscrito तन्त्र, que significa "enrollar, envolver o tejer". Es una combinación de rituales, ceremonias o textos que se utilizan como vehículo para fomentar el Siddhi (la finalización, la felicidad, la fuerza y la claridad de pensamiento) en la vida diaria.

La difusión del yoga

La práctica del yoga comenzó en la civilización Indo-Sarasvati del norte de la India hace ya 5.000 años. Sin embargo, los investigadores sostienen que el yoga se remonta a 10.000 años atrás, cuando los textos sagrados escritos en endebles hojas de palma sufrieron pérdidas o daños.

La mitología yóguica proclama al Señor Shiva como el Adi yogui (el primer yogui) o gurú. Hace miles de años, en la orilla del lago Kantisarovar en el Himalaya, Shiva vertió su conocimiento en los siete sabios conocidos como los Saptarishi.

Estos sabios difundieron el conocimiento del yoga a diferentes extremos de la tierra, desde África y América del Sur hasta Asia y el Medio Oriente.

Aunque se pueden encontrar paralelismos en su expresión en diversas culturas antiguas, fue en la India donde la ciencia del yoga descubrió su plena capacidad. Agastya, uno de los siete Saptarishi, viajó a través del subcontinente indio, estableciendo la cultura y el modo de vida yogui.

Las fases del yoga en la historia

La fase preclásica: Esta fase fue el período de la difusión del yoga en la civilización Indo-Sarasvati. El Rigveda fue compuesto entre 1500 y 1200 a. C. por miembros de la temprana tribu Kuru, que sirvió como centro de la civilización Védica. Estaban en el noroeste del Punjab, actualmente conocido como Uttar Pradesh. Rigveda se deriva de la palabra Rig, que significa verso o alabanza, y Veda, que significa conocimiento. El Rigveda es uno de los textos canónicos más sagrados y más antiguos, en el que se encuentran 10.600 versos y 1.028 poemas, todos ellos sistematizados en diez mandalas o círculos. Este contiene el Samhitas, Aranyakas, Brahmanas y Upanishads, pero el Samhita es el texto principal. Los himnos de batalla, las invocaciones divinas, los hechizos, los diálogos narrativos y las observaciones rituales utilizadas popularmente por los arios (nobles) que emigraron a la India desde Irán forman parte del contenido de Rigveda.

La práctica del yoga se refinó con el tiempo después de los arios, gracias a videntes y practicantes místicos conocidos como Rishis y Brahmanes. Estos practicantes anotaron sus atesoradas prácticas y creencias en lo que ahora llamamos los Upanishads.

El Rigveda puede ser el texto yogui más antiguo; sin embargo, el más celebrado sigue siendo el Bhagavad-Gītā (también conocido como el canto celestial o divino) escrito alrededor del año 500 a. C. Es la conversación entre el Dios Krishna y Arjuna (un guerrero Pandava). Como el Rigveda, el Bhagavad-Gītā también enseña la moral y las creencias religiosas. Los Upanishads documentaron la práctica del sacrificio del ego a través de la sabiduría (jnana yoga), la auto-realización y la acción (karma yoga).

La fase clásica: El yoga evolucionó de ser un mosaico de sistemas de creencias e ideas en guerra entre sí. El punto culminante del período clásico es la introducción del Yoga Sutras de Patanjali en el siglo II. En su texto, el camino exacto del raja o yoga clásico se explica y se organiza en ocho caminos o ramas, con cada etapa más cercana a la obtención de la iluminación o Samadhi.

La Fase Post-Clásica: Muchos siglos después de Patanjali, otros maestros de yoga crearon prácticas y ejercicios dedicados al rejuvenecimiento físico y a la prolongación de la vida. Estas nuevas doctrinas no se ciñen a los antiguos textos védicos, sino que sostienen el papel del cuerpo físico como puerta de entrada a la iluminación.

Esto condujo a la popularidad del tantra yoga, que contaba con técnicas inusuales, pero efectivas, para purificar el cuerpo y la mente de las cuerdas de nuestra existencia física. La exploración de estas técnicas de conexión mente-cuerpo condujo al Hatha Yoga, que es ahora la forma de yoga más popular del mundo occidental.

Yoga moderno: Entre finales del siglo XIX y principios del XX, los maestros de yoga viajaron a Occidente para llamar la atención sobre los beneficios del yoga y conseguir más seguidores. El primer paso en este proceso se dio en el Parlamento por las Religiones, en Chicago, en 1893, después de la destacada conferencia de Swami Vivekananda sobre las prácticas de yoga y la universalidad de las religiones.

Poco después, el Hatha Yoga fue introducido por Tirumalai Krishnamacharya, un erudito, profesor y sanador ayurvédico indio que más tarde fundó la Escuela de Hatha Yoga en Mysore, India, en 1924. Sivananda creó la Sociedad de la Vida Divina a orillas del río Ganges en 1936. T. Krishnamacharya enseñó a tres estudiantes que más tarde llevaron su legado de Hatha Yoga: T.K.V. Desikachar, PattabhiJois, y el popular B.K.S Iyengar. En 1947, Indra Devi (Eugenie Peterson) abrió el primer estudio de yoga de Hollywood en el 8806 de Sunset Boulevard.

La filosofía de Sri Patanjali y su contribución al yoga

Sri Patanjali, también llamado Gonikaputra o Gonardiya, era un enigma. Poco o ningún detalle existe sobre la vida de la leyenda que se dice que es el epítome del yoga. Los historiadores creen que nació en el siglo II a. C. hijo de Gonika, una virtuosa yoguini (practicante de yoga), y se dice que es la reencarnación de la diosa serpiente de mil cabezas Ananta Shesha. Esta es la razón por la que Patanjali es a menudo representado como mitad humano, mitad serpiente.

Algunas personas afirman que Patanjali era un abogado, otros dicen que era un médico, mientras que unos pocos dicen que era un gramático. Es crucial aclarar este concepto erróneo. El Patanjali al que se le atribuye la escritura de los Yoga Sustras difiere del responsable del comentario de la gramática de Panini. Se dice que Patanjali es el padre del yoga, pero está claro que no fue su creador.

Solo se le ve como el epítome del yoga porque era un maestro consumado que entendía el sufrimiento y había trazado una guía práctica paso a paso para aliviarlo. Sri Patanjali codificó las enseñanzas de yoga en 196 aforismos o sutras.

La palabra "Sutra" en sánscrito significa "cuerda"; por lo tanto, cada aforismo o declaración es similar a una flor solitaria en una guirnalda. Esta codificación de las enseñanzas de yoga hizo que fuera fácil de entender y transmitir, a diferencia de la antigua técnica de instrucción del yoga oral.

La filosofía del yoga de Patanjali es en su mayoría dualista. Lo que esto significa es que tanto la inmersión o Prakriti como el humano o Purusha existen uno al lado del otro, pero aún así mantienen su separación, siendo entidades completamente diferentes. En otras palabras, todo en este mundo está completamente hecho de materia y espíritu.

Las categorías de los sutras de Patanjali

El objetivo del yoga es liberarnos de la fortaleza del mundo de la materia y acercarnos cada vez más al cosmos hasta que seamos uno con el Todo. Los 196 sutras de Patanjali nos educan en el auto-descubrimiento y la importancia de entender el lugar que uno ocupa en el universo. Sus sutras se dividen en cuatro categorías principales, cada una con su propósito y enfoque únicos:

- Kaivalya Pada (libertad de agonía o aflicción)
- Samadhi Pada (especifica lo que es el yoga y la conciencia)
- Vibhuti Pada (diligencia en la práctica de la disciplina)
- Sadhana Pada (el vínculo entre el yogui y la conciencia superior)

Los sutras están lejos de ser respuestas directas, ya que carecen de significados concisos o universales. Son una guía o brújula para que el yogui entienda que cada experiencia terrenal o espiritual es única, y todos tendrán sus lecciones para aprender en el camino de la auto-realización.

Para Sri Patanjali, el dolor y la angustia son parte del proceso. Como en cada viaje, a medida que se alcanza la cima del verdadero auto-descubrimiento, el dolor se desvanece. Tras la organización de los sutras por parte de Patanjali, las enseñanzas pronto se hicieron populares y se tradujeron al menos a 42 idiomas, entre ellos el árabe y el japonés antiguo. Las enseñanzas de Patanjali perdieron su popularidad en el siglo XIX durante 700 años hasta que Swami Vivekananda, otros maestros de yoga y la Sociedad Teosófica las revivieron.

La relevancia del yoga en el siglo actual

Con el descubrimiento de la neuroplasticidad, la ciencia ha confirmado la eficacia de las antiguas prácticas yoguis, entre ellas la meditación, los sanskaras mentales (recuerdos o impronta fisiológica) y las asanas (posturas) para fortalecer las vías neurales y mejorar la salud física, mental, emocional y social. Carl Gustav Jung, el famoso psiquiatra y psicólogo suizo, describió el yoga como uno de los mayores inventos de la mente humana.

La ciencia y la carga del siglo XXI pueden haber dominado nuestro estilo de vida, haciéndonos dependientes de la tecnología, fomentando el caos y el estrés, limitando nuestra esperanza de vida y debilitando nuestros cuerpos, haciéndonos propensos al malestar mental y físico. El yoga, sin embargo, es un ejercicio espiritual que proporciona una solución duradera a estos factores de estrés, permitiendo un equilibrio tanto en la mente como en el cuerpo. El 21 de junio se celebra en todo el mundo como el Día Mundial del Yoga - con razón. Profundicemos en los beneficios de la práctica del yoga.

Beneficios físicos del yoga

1. **Aumento de la salud circulatoria y cardiovascular**: Existen pruebas de que el yoga reduce las enfermedades cardíacas en un 30 por ciento y la mortalidad tras un paro cardíaco en un 48 por ciento.

2. **Mejora la inmunidad, la vitalidad y la lentitud del envejecimiento:** El yoga y la meditación regulares benefician a los telómeros, que son los cromosomas responsables de mantener las células en excelente salud. En el proceso, aumenta su resistencia a las enfermedades. El yoga también le da una piel brillante.

3. **Tratamiento para el cáncer:** La meditación trascendental y el yoga son útiles en la terapia del cáncer. El hecho de que el yoga sea factible, asequible y no invasivo también es una ventaja.

4. **Mejora la presión arterial**: El yoga reduce la presión arterial y previene enfermedades como el mal funcionamiento de los riñones, el daño a las arterias y la insuficiencia cardíaca.

5. **Mejora de la postura corporal:** Las asanas ayudan a fortalecer los músculos, les ayudan a soportar mejor el peso del cuerpo. Las posturas de yoga pueden corregir la lordosis lumbar (dolor de espalda), cifosis o escoliosis (curvatura anormal de la columna vertebral) y atrofia (desgaste muscular por falta de uso).

Los beneficios mentales del yoga

Las ventajas del yoga en nuestra salud mental son diversas, y ha sido etiquetado como una herramienta vital en la práctica de la psicoterapia por la Asociación Psicológica Americana. Los beneficios incluyen:

1. **Mejores estados de ánimo:** El yoga aumenta los niveles de GABA. El GABA (ácido gamma amino butírico) es un mensajero químico en el cerebro que controla el miedo y la ansiedad. La regulación del GABA previene el agotamiento y la depresión, ya que el cerebro libera químicos para sentirse bien después de cada sesión de yoga. Todos los niveles de oxitocina, serotonina y dopamina se disparan para hacerle sentir que está caminando sobre los rayos del sol. Las hormonas del estrés como el cortisol también disminuyen drásticamente.

2. **Aumento del descanso y la recreación:** El yoga también mejora la condición de su sistema nervioso parasimpático (también llamado sistema de descanso y digestión). Cuando el SNP está en sinergia, su digestión y los movimientos intestinales mejoran. Usted dormirá mejor, no tendrá problemas para excitarse, y tendrá una posibilidad aún mayor de lograr "el gran O" durante la intimidad.

3. **Atiende a los trastornos del espectro autista:** El yoga ayuda a calmar la mente de forma holística y natural. En lugar de pastillas y jeringas, la práctica del yoga calma las habituales rabietas de los pacientes autistas y les permite ajustar sus personalidades al mundo que les rodea.

4. **Control de la adicción:** La meditación trascendental es una de las formas fáciles de combatir la adicción, ya sea a la comida, al sexo, a las drogas o al alcohol. Con la práctica constante, los estudiantes aprenden a construir la abstinencia a estos hábitos dañinos. Un estudio realizado

por Moliver en 2011 sobre mujeres obesas de más de 45 años muestra cómo el yoga fue eficaz para reducir su índice de masa corporal y el consumo de alimentos.

5. Reducción y control del dolor: El yoga regular afecta el lóbulo parietal del cerebro. Esta parte es responsable del habla, los movimientos de las extremidades y el dolor. Los estudios realizados en 2011 demostraron la eficacia del yoga después de la atención y la meditación durante dos meses para reducir la sensibilidad al dolor.

6. Mejor procesamiento de la información: Nuestros cerebros tienen infiltraciones corticales conocidas como sulci y gyri. Estos pliegues albergan varias neuronas responsables de funciones avanzadas como mantenerse al día con las siempre cambiantes demandas de su jefe cada segundo y planificar el futuro.

El yoga aumenta la superficie de los pliegues corticales de su cerebro, mejorando la memoria y el rendimiento cognitivo. El yoga también puede hacerle más inteligente y más consciente de sí mismo al aumentar el tamaño del hipocampo y la corteza somatosensorial. Estas dos áreas son responsables del control de la ansiedad y la autoconciencia, respectivamente. Por lo tanto, el yoga regular conduce a un aumento de la lucidez, la confianza en sí mismo y una mejora de la autoestima.

Los beneficios emocionales y sociales del yoga

La meditación y el yoga nos ayudan a expresar mejor nuestros sentimientos y a templar nuestras respuestas en situaciones estresantes. Como humanos, no siempre tendremos control sobre cómo nos sentimos, pero el yoga puede enseñarnos cómo reaccionar suprimiendo nuestros instintos básicos o banales. La práctica del yoga también aumenta nuestro aprecio por el mundo que nos rodea. Esto nos ayuda a aceptar la responsabilidad de nuestro medio ambiente para que podamos desempeñar nuestro papel en la creación de un mundo mejor.

Capítulo dos: Antecedentes de los Yoga Sutras – conceptos importantes

El concepto de Vritti

Vritti (sánscrito वृत्ति) es una palabra muy antigua que describe la conciencia como un vórtice. Piense en un remolino hecho de pensamiento, o en la interminable charla que ocurre en su mente, sin un claro comienzo y sin final a la vista, y tendrá una visión justa de lo que es vritti. En los Yoga Sustras de Patanjali, está escrito, "Yogascittavrittinirodha", que se traduce como "El yoga es la neutralización de los vórtices del sentimiento".

El concepto de vritti representa los apegos y los deseos egoístas. Según Patañjali, el yoga tiene como objetivo neutralizar tales remolinos o deseos egoístas estabilizando el centro medular. Por ejemplo, los deseos básicos como la lujuria se localizan a lo largo de los chakras inferiores que son el chakra de la raíz y el chakra sacro, que son los centros de la identidad emocional y física que conectan su imagen y le mantienen en el mundo.

Vritti nace en su mente subconsciente, o en su memoria, o en Citta. No es algo que surja por sí solo, sino que es el efecto secundario de ser engañado, aferrarse a conceptos erróneos, o elegir ser ciego a la verdadera realidad. Este engaño se conoce como Avidyā (sánscrito अविद्या). La única forma de destruir esta ignorancia o ilusión (avidya) es adquiriendo Jñāna (conocimiento espiritual). Tras la destrucción de avidya, vritti pasa a convertirse en el principio universal o realidad absoluta, también conocido como Brahman (sánscrito ब्रह्मन्; Hindi ब्रह्म). Este paso de controlar vritti es esencial porque los patrones de pensamiento funcionan para causar el Avarana-Bhanga, que quita el velo de Sthula Avidya (el velo de la ignorancia) en nuestra realidad.

Además de representar la conciencia mental, vritti puede ser un eslogan para los pensamientos que se experimentan mientras se está despierto, dormido o en cualquier estado alterado de conciencia. Vritti también podría significar la capacidad de la mente para expresar sentimientos como gusto o disgusto, necesidad, satisfacción, etc. En los textos hindúes y védicos, los samskaras son recuerdos mentales, patrones de pensamiento habituales o impresiones psicológicas de acciones pasadas.

En este sentido, los samskaras sirven como fundamento del karma (el principio espiritual de causa y efecto). Al igual que los baches o las huellas de neumáticos en la carretera, las implicaciones de los samskaras se desarrollan en vritti que dan forma a nuestros comportamientos y patrones de pensamiento y complejos que hacen a cada individuo especial.

La expresión de vritti puede ser positiva o negativa. La base del vritti en el amor se llama también Mamata. Esto está en el corazón. El miedo (Bhaya) está en el estómago. Podemos ver estas sensaciones cuando uno ve rojo mientras está enfadado o desarrolla un sentimiento de mariposas mientras está enamorado. Es esencial entender que los vritti positivos pueden convertirse rápidamente en expresiones negativas. Por ejemplo, cuando se sobreexpresa, el miedo puede llevar a la cobardía, y el amor puede llevar a los celos o a un comportamiento sobreprotector.

La práctica del yoga no es para eliminar o suprimir los vritti, sino para controlarlos, encontrar un equilibrio y aprender a canalizar estas tendencias hacia adentro de manera positiva. Por ejemplo, durante la meditación, uno puede disolver sus vritti y dirigirlos a través de la espina dorsal al tercer ojo o al chakra entre las cejas. Esta canalización de pensamientos disipa la egomanía, el gusto o el disgusto, y permite que se alcance un estado de conciencia más elevado.

Vritti y los chakras

Algunos vritti vinculados con varios puntos focales o chakras incluyen:

El Muladhara (Chakra Raíz): Este es el centro de la felicidad dentro de la concentración, la inmensa alegría, el placer y la pasión.

El Swadhisthana (Chakra Sacro): Este se asocia con la intimidad, la sensualidad y la creatividad, y el placer. Este canal está bloqueado por el miedo y es el centro de la sospecha, la destructividad, el afecto, la ignorancia y el desprecio.

El Manipura (Chakra del Plexo Solar): Está asociado con la sed, la envidia, la vergüenza, el miedo, la tristeza, la ignorancia espiritual y el engaño.

El Anahata (Chakra del Corazón): Este es el centro de energía de la calma, el equilibrio y la serenidad. Es la base del comportamiento lascivo, la indecisión, la esperanza, la arrogancia, la discriminación, la obstinación, el comportamiento fraudulento, el anhelo y la ansiedad.

El Vishuddha (Chakra de la Garganta): Esto alberga sentimientos de pureza, habla y calma.

El Ajna (Chakra entre las Cejas): Este también es llamado el chakra del tercer ojo, y significa la mente subconsciente. Estrechamente asociado con el cerebro, es el centro de la energía espiritual pura.

El Sahasrara (Chakra de la Corona): Este es el chakra de la oración y la relación íntima con el cosmos. Le da al hombre la posibilidad de alcanzar estados más elevados de conciencia o conocimiento.

Tipos de Vritti

En el Sutra 1.2, Patañjali dice, "योगश्चित्तवृत्तिनिरोध " o "yogaś-citta-vr̥tti-nirodhaḥ". Este verso significa que el yoga es el nirodha (proceso de terminación) vritti (definiciones) de citta (materia de la mente o campo de la conciencia). Los cinco tipos principales de vritti o remolinos de pensamiento que afectan a nuestra conciencia son:

1. Sentimiento, fantasía, imaginación o Vikalpa (sánscrito: विकल्प). Este remolino de pensamiento no es una consecuencia de la inferencia o el discernimiento, sino un producto de palabras y conceptos carentes de significado. Por ejemplo, el sustantivo "tiempo" está lejos de ser un objeto. El tiempo es infinito, pero en nuestras mentes, el tiempo crea una imagen basada en los pensamientos. Medimos este concepto en segundos, minutos, días o incluso años. Otros sustantivos abstractos en esta categoría incluyen paz, amor, odio, etc.

2. Sueño o Nidra (sánscrito: निद्रा). El sueño profundo o descanso es un vritti caracterizado por la ausencia de contenido mental. Se considera vritti porque se puede admitir que se disfruta de un buen sueño después de un largo día o que no se duerme lo suficiente. El descanso es una experiencia en la que la conciencia humana puede permanecer alerta mientras permanece en la memoria como una etiqueta, una que al despertar se traduce en una experiencia.

3. Conocimiento correcto o Prāmaṇa (Sánscrito: प्रमाण). La percepción, en este caso, se determina usando el testimonio de la boca (agamah), la cognición o percepción directa (pratyakṣa), y la inferencia o deducción (anumāna).

4. Concepción errónea o ilusión o Viparyaya (sánscrito: विपर्यय). Viparyaya es una palabra sánscrita que significa inversión, inexistencia o malentendido. Este vritti es un patrón de pensamiento nacido de las maquinaciones de la mente humana y puede ser disputado o anulado con la evidencia, la iluminación o la percepción correcta. Viparyaya es la oscuridad que nubla la mente, impidiéndole distinguir entre la falacia y la realidad.

5. Memoria o Smriti (sánscrito: स्मृति). Esta es la consecuencia de todos los otros vrittis. La memoria significa la negativa a dejar ir una experiencia, un sujeto, una imagen o un objeto. Como los otros vritti, los recuerdos e impresiones pueden ser dolorosos o placenteros. Cada recuerdo crea samskara (impresiones) en la mente, manifestándose como un recuerdo de una memoria. Cada nueva imagen, objeto, sujeto u ocurrencia actúa como un catalizador que activa otras experiencias almacenadas y puede causar dolor o placer dependiendo del recuerdo que haya provocado.

Según Patañjali, el yoga nos entrena para diferenciar entre los patrones de pensamiento, reconocer prāmaṇa, y reconocer el vritti. Hacer esto puede parecer fácil en teoría, pero es una tarea más fácil de decir que de lograr.

Las escuelas de pensamiento metafísico

Hay tres escuelas de pensamiento metafísico o Darshana, todas ligeramente distintas entre sí, y todas exponiendo la misma verdad a través de diferentes lentes, complementándose unas a otras en el proceso. Ellas son:

- Dvaita Vedānta o dualismo
- Advaita Vedānta o el no-dualismo
- Viśiṣṭādvaita o el no-dualismo calificado

Dvaita Vedānta (sánscrito: द्वैतवेदान्त)

El dualismo o Dvaita es la base de los Yoga Sustras de Patañjali. En el dualismo, se cree que puruṣa (पुरुष – conciencia pura, alma o el cosmos) y Prakṛiti (प्रकृति – naturaleza, materia primitiva o la matriz en constante evolución del universo) coexisten en armonía y una atracción eterna entre sí.

Prakṛiti en sí misma comprende tres Gunas (cualidades o modos de existencia): Sattva (iluminación), tamas (inercia) y rajas (movimiento). Cuando la atracción entre prakṛiti y puruṣa se vuelve abrumadora, lleva a que una se fusione con la otra, interrumpiendo el equilibrio que se mantiene entre los tres gunas. En el dualismo, nuestro objetivo es liberarnos de esta dependencia de prakṛiti, trascendiendo por encima de nuestro ego para alcanzar la liberación (mokṣa) y nuestro verdadero yo (puruṣa).

El dualismo propone la existencia de dos principios independientes de materia y espíritu. Ambos están lejos de ser iguales, ya que la materia está subordinada al espíritu. El dualismo implica que nuestra mente es más que el órgano llamado cerebro. Esta idea existe porque, con Dvaita, nuestras mentes poseen conciencia, un aspecto no material y espiritual con un atributo eterno.

Advaita Vedānta (Sánscrito: अद्वैतवेदान्त)

Advaita tiene raíces sánscritas que se traducen en "A Dvaita" – dos. Advaita significa no-dualismo. Inicialmente fue conocido como Puruṣavāda o Māyāvāda. Es una famosa escuela de filosofía hindú y vedanta, que propone que el alma es una con el Brahman.

Esta filosofía es la base del Bhagavad-Gītā. El padre de Advaita es Adi Shankara, un teólogo y filósofo (788-820 d. C.). El evangelio de Advaita, sin embargo, comenzó inicialmente con los Upanishads y más tarde se difundió ayudado por Gauḍapāda, un filósofo y erudito hindú de la era medieval, y GovindaBhagavatpāda, el estudiante de Gauḍapāda que más tarde se convirtió en el gurú de Adi Shankara.

El mismo Shankara tuvo cuatro estudiantes prominentes: Padmapāda, Hastamalaka, Toṭaka, y Sureśvara. Advaita es tanto una filosofía como una experiencia. Como experiencia, es el pináculo de la espiritualidad que un humano puede alcanzar. Es una filosofía que nos ayuda a entender cómo los humanos están conectados con el absoluto o el Brahman.

En Advaita, solo hay una realidad. El Brahman y el Nirvana o la liberación se logra no a través de la creencia, sino a través de la experiencia (Anubhava, sánscrito: अनुभव).

El Brahman es pura felicidad, un estado de conciencia pura y realidad suprema. Es la verdad fundamental detrás de todas las experiencias y objetos. El Brahman absoluto es Nirguṇa (sin forma ni cualidades) mientras que Saguṇa. El Brahman – सगुण – es el Brahman con cualidades experimentadas como una deidad conocida como Īśvara. Īśvara es un concepto esencial en Advaita, ya que representa dos cosas: La infinita inteligencia cósmica y el omnipresente Dios omnisciente y universal.

Īśvara es la totalidad del universo múltiple en continua evolución. En Advaita, el individuo (atman) es el microcosmos incrustado en Īśvara (el macrocosmos), que posee espacio, tiempo y causalidad ilimitados con límites, posibilidades y potencia sin fin.

Piense en Brahman (Avivarta) como un marco sobre el que se asienta todo el universo; no puede referirse al mundo como real o irreal. El problema con la mente humana es que siempre está plagada de una ilusión muy persistente (Māyā), que quiere ser percibida como real. También se enfrenta a la ignorancia (Avidyā). La ilusión, unida a la ignorancia, hace que percibamos la realidad a través de un espejo de feria, con tantas distorsiones; esto hace que vivamos la vida de tal manera que creamos la peor de las impresiones kármicas y permanezcamos atascados en el interminable ciclo de causa y efecto.

La creencia más firme de Advaita sobre el karma es que toda la razón de su existencia es purificar nuestras mentes de conceptos tales como gustos y disgustos, o (Raga dveşavimuktah). Si podemos librarnos de māyā, abrazaremos nuestra verdadera naturaleza, despertaremos del sueño cósmico llamado vida, nos liberaremos de la esclavitud kármica y viviremos en la dicha eterna. Shankara creía que el mundo estaba lleno de ilusión, y debajo de todo está Brahman.

El desarrollo de la filosofía Advaita

El desarrollo de esta profunda filosofía Advaita tuvo lugar en cuatro etapas. Echemos un vistazo a cada una.

La Era Upanishad: Aquí, la filosofía Advaita era más bien una hipótesis. Pasa sus lecciones de boca en boca de una generación a otra.

La Era Shankara: El siglo VIII vio a Adi Shankara conceptualizar el Advaita y establecer el no-dualismo de Brahman como la realidad última. Conceptos como māyā y ajñāna fueron introducidos para explicar mejor la creación y presencia de la dualidad en el universo, una que no afectaba la naturaleza no-dual de Brahman.

La Era Post-Shankara: Este fue el período más extenso que duró desde el siglo IX al XVI. Filósofos como Madhusudana, Padmapāda, Vachaspati, Vimuktatman, Sarvajñatman y Sureshwara caracterizaron este período.

Este período marcó la división de Advaita en tres escuelas: la escuela Virana fundada sobre las opiniones de Padmapāda y Prakashatman, la escuela Vartika de las creencias de Sureshwara; y la escuela Bhamati sobre la premisa de Vachaspati Mishra. Estas escuelas refinaron la filosofía de Advaita cambiando el enfoque de Brahman a māyā. Los cuatro principios que se propusieron en esta época incluyen:

- La realidad dual o de dos niveles
- La no-dualidad de la conciencia
- La ilusión de Jivatva o la individualidad
- Ajñāna como la causa colectiva del mundo

La Era Moderna: Predominan en este período las enseñanzas de Swami Vivekananda y Sri Ramakrishna. Los cambios que estos gurús hicieron adaptaron el Advaita a las necesidades del mundo actual y a los desafíos diarios de la vida. Mientras que Swami Vivekananda reconcilió el Advaita con la ciencia moderna al afirmar que la filosofía del Advaita no era solo una creencia, sino la ciencia de la conciencia, Sri Ramakrishna popularizó śivajñānejīva-sevā — El evangelio del servicio a los hombres es igual al servicio a Dios.

AdvaitaVedānta: Los planos de la existencia

En el clásico AdvaitaVedānta, hay tres planos de existencia:

- Prātibhāsika; Sánscrito प्रातिभासिक: Este es el plano que se ocupa de los espejismos, o ilusiones que se enmascaran como realidad.

- VyāvahārikaSatta; Sánscrito व्यवहारिक: Este es el plano que trata con la realidad mundana que puede ser probada empíricamente.

- PāramārthikaSatta; Sánscrito: पारमार्थिक: Este es el plano de la realidad o existencia absoluta y verdadera.

Viśiṣṭādvaita, También conocido como no-dualismo calificado (sánscrito: विशिष्टाद्वैत)

Esto aboga por el monismo. Uno de los mayores defensores de esta escuela de pensamiento fue Ramanuja, aunque el movimiento comenzó con Vaishnava o devoción al Señor Vishnu en el sur de la India en el siglo VII.

El movimiento monista comenzó en el siglo X con Nathamuni, un brahmán o sacerdote del templo Srirangam en Tamil Nadu. Yamuna sucedió a Nathamuni en el siglo XI, y Yamuna se entregó a Ramanuja (1017-1137).

Ramanuja era un sacerdote del templo de Perumal Varadharāja, Kānchipuram, en Tamil Nadu. Escribió el Sri Bhāshya – un comentario sobre los sutras de Brahma – entre otras obras y creía que su filosofía era coherente con el Advaita Vedanta solo con una pequeña diferencia.

De acuerdo con Sri Ramanuja, la única manera de convertirse en uno con lo divino es la devoción (Bhakti). El hombre es una chispa o rayo de lo divino, y mokṣa o la liberación no depende de una serie de renacimientos o reencarnaciones, sino de la completa devoción al todopoderoso que misericordiosamente ayuda al devoto a alcanzar la libertad. En el no-dualismo calificado, el brahmán es la última realidad en la que los humanos se esfuerzan por convertirse. Así como nuestras almas son una con el cuerpo, Dios es uno con el mundo. Esta ideología es la razón por la que el monismo se llama Viśiṣhṭādvaita o Advaita con alguna singularidad.

Estos principios son las piedras angulares de Viśiṣhṭādvaita:

- **Hitā (sánscrito हिता):** Esta es la auto-realización lograda a través de la entrega de sí mismo o Prapatti, y la completa devoción o Bhakti.

- **Tattvá (sánscrito तत्त्व)**: Esto se refiere a la realidad, la esencia de la vida y la verdad real. Es el conocimiento de las tres entidades primarias: Ajiva (la entidad no sensible), Jiva (seres sensibles o seres vivos), y Īśvara (el ser supremo, gobernante de todas las manifestaciones, y el dador inherente de la gracia y la misericordia basada en el karma).

- **Puruṣārtha (sánscrito पुरुषार्थ):** El objeto de la búsqueda o la meta a alcanzar, que en este caso es la liberación o mokṣa.

Capítulo tres: Explicación de la Sadhana y el Samadhi

Abhyāsa y Vairāgya: Prácticas espirituales para la Sadhana

Abhyāsa y Vairāgya son dos conceptos cruciales en los Yoga Sutras de Patañjali. El capítulo 1 del Yoga Sutra, verso 12 dice, "Abhyāsa-Vairāgyābhyam tan-nirodhah", que se traduce como "La práctica y el desapego constituyen los medios para aquietar los movimientos de la conciencia" (Luz sobre los Yoga Sutras de Patanjali por B.K.S. Iyengar). La conciencia, en este caso, se conoce como Chitta.

Abhyāsa es una combinación de dos palabras en sánscrito: Abhi, que significa "enormemente" o "sobre", y Aayyas, que significa acción, esfuerzo o práctica. Abhyāsa se refiere a la práctica espiritual, creencias o rituales practicados continuamente durante un período para lograr y mantener la tranquilidad mental, física y espiritual. El Amritabindu Upanishad habla del inconmensurable poder de la mente humana, diciendo "Man evamanushyanamkaranam bandh mokshayoh", que significa "La mente es la fuente de la renuncia y las ataduras".

En el Bhagavad-Gītā, abhyāsa es mencionado por el Señor Krishna como un medio esencial para controlar el deseo y la mente. Abhyāsa implica la atención en cada acción y sirve como un recordatorio de que debemos permanecer apasionados y presentes en todas las cosas que hacemos porque, al final, la iniciativa vigilante da sus frutos. El yoga es un camino de deleite, no de desesperación. Por lo tanto, cultivar el entusiasmo asegura que nuestro interés no decaiga con un esfuerzo prolongado, ya que nadie puede acercarse a mokṣa sin alegría.

Vairāgya (वैराग्य) es un sustantivo abstracto derivado de la palabra virāga (uniendo vi, que significa "sin" y rāga, que significa "pasión, sentimiento, emoción, interés"). Se podría decir que Vairāgya significa desapasionamiento o una postura ascética ante la vida. Los filósofos hindúes y los maestros de yoga que fueron defensores de vairāgya enseñan que la neutralidad, especialmente ante los placeres y el dolor, es la única manera de lograr mokṣa. Por esta razón, vairāgya es más un estado mental que una práctica.

Vairāgya no implica repulsión hacia las cosas materiales o la supresión de su deseo por ellas. Solo aboga por el equilibrio, usando Vivek (discernimiento o juicio espiritual) para luchar por la satisfacción entre la vida espiritual interna de la persona y sus necesidades externas o físicas, de modo que los apegos indebidos se disuelvan de forma natural.

Para que esto suceda, el estudiante o devoto debe ver todas las entradas como expresiones del brahman (conciencia cósmica superior). Una vez que entendemos que todo en la vida es temporal, se hace más fácil dejarlo ir en el momento adecuado porque la libertad del deseo o vitṛṣṇatva ayuda a lograr vasīkāra o el control total.

Abhyāsa y Vairāgya son los dos pilares de la sadhana del yoga y se parecen a las dos caras de una moneda, con abhyāsa que denota la persistencia y vairāgya el desinterés. Ambos son esenciales para ganar el dominio de la mente porque mientras que abhyāsa conduce a un devoto hacia la paz y la perfección, vairāgya le ayuda a uno a permanecer tranquilo, libre del materialismo para equilibrar los esfuerzos que trae la persistencia.

El yoga trata de crear las condiciones de Abhyāsa y Vairāgya para controlar nuestro vritti y crear nuevos samskaras, lentamente, pero controlando el deseo al rechazar los apegos, ya sea en forma de posesiones, pensamientos o sentimientos. Para los yoguis, los apegos engendran dolor. Abhyāsa y Vairāgya no son ni positivos ni negativos. Todo es cuestión de percepción. Al igual que cuando un objeto está demasiado cerca del ojo, se vuelve algo invisible, pero tal objeto se vuelve claro cuando se mantiene a distancia.

Abhyāsa se esfuerza mientras que vairagya ajusta nuestras actitudes para realizar bien las tareas y sin miedo. Sin el control suministrado por vairāgya, nuestros esfuerzos conducirán a diversos intereses, que son difíciles de controlar. Abhyāsa sin vairagya nos lleva a comenzar una tarea a toda velocidad y abandonarla a medio camino, porque no podemos evitar que nuestras mentes deambulen o se preocupen.

Los principios de Abhyāsa y Vairāgya se aplican a todo en la vida, incluyendo los trastornos del estilo de vida como la adicción, la depresión, la obesidad, el insomnio, etc. Hay muchas maneras en que el yoga afecta positivamente a la salud. Los nidras, asanas y pranayama del yoga son comunes en abhyāsa. Niṣkāmakarma (abnegación) y Dhyana (meditación) nos ayudan a mantenernos en forma, a manejar los factores de estrés diario y a mejorar la calidad de vida.

Niveles de Sadhana

Los cuatro niveles de sadhana en términos de abhyāsa y vairāgya incluyen:

1. **Mrdu (suave)**

- Abhyāsa: Una práctica meticulosa e indefinida
- Vairāgya: Yatamāna separando el sentido de la acción que conduce a Ārambhāvasthā o al comienzo.

2. **Madhya (moderado)**

- Abhyāsa: Disciplina y práctica metódica
- Vairagya: Vyatireka (evitar el deseo) que lleva a Ghatavasthā o a entender el funcionamiento interno del cuerpo.

3. **Adhimātra (intenso)**

- Abhyāsa: Práctica científica decisiva
- Vairagya: Ekendriya – Silenciar la mente, que lleva a Paricayāvasthā o al conocimiento personal de la mente y del yo.

4. **TivraSamveginAdhimātratamaṇ (muy intenso)**

- Abhyāsa: Pureza y devoción religiosa
- Vairagya: Vasīkāra (superando todo deseo) que lleva a Nispattyā o Paravairāgya (desapego extremo) donde se trasciende la mortalidad para percibir el alma.

El lugar de la conciencia en Samādhi

La palabra Citta o Chitta (sánscrito चित्त) proviene de la raíz de la palabra "Cit" que significa observar o percibir. Traducido libremente, citta representa la mente en todas sus formas: inconsciente, semi-consciente y consciente. Citta no es igual a puruṣa, ni está separada de Prakriti. Es el puente para comprender la sinergia entre Prakriti (lo visto) y puruṣa (el vidente).

En el yoga sutra 2.23 dice, "स्वस्वामिशक्त्योःस्वरूपोपलब्धिहेतुःसंयोगः॥२३॥-. Satchidananda lo explica diciendo: "La unión de Propietario (Puruṣa) y poseedor (Prakṛiti) provoca el reconocimiento de la naturaleza y los poderes de ambos". A pesar de la omnipresencia de Prakriti y de puruṣa, la ciudad omnipresente es retenida por el ego.

Las funciones del Citta

Las tres funciones principales de citta incluyen el buddhi, el manas y el ahamkara. Estas funciones no aparecen con frecuencia en los yoga sutras, pero se ven comúnmente en la filosofía de Sānkhya que comparte los principios rectores con los Yoga Sutras de Sri Patañjali.

Buddhi es la forma más pura y sutil que sigue la evolución del Prakriti. Es el intermediario entre el espíritu (Puruṣa) y la naturaleza (Prakriti). Ahamkara, las tres gunas (fuerzas de la naturaleza), los sentidos y los elementos, todos evolucionan a partir del buddhi. Buddhi es la facultad de discernimiento de la mente. Toma impresiones de los manas. Después de comparar y contrastar estas impresiones, citta en buddhi utiliza el juicio para categorizarlas y almacenarlas para su recuperación.

Manas es la memoria o la facultad de registro de la citta. Es el punto de entrada de todas las impresiones y está profundamente involucrado en la función de los sentidos.

Ahamkara es la parte de la mente conocida como el ego. Ahamkara reivindica las impresiones almacenadas en los manas y buddhi como algo propio y sirve como la sede de la individualidad. Es en el nivel de ahamkara donde nace el sufrimiento o dukkha. El ego impide que un individuo se identifique con puruṣa. Expectativas como el deseo, el anhelo, la ira y la compasión son sentimientos familiares para el ahamkara. La primera tarea de cualquier yogui es eliminar los sentimientos egoístas que impregnan el ahamkara.

El Samadhi o iluminación solo se alcanza después de que el ego trasciende, y la mente reconoce la unidad con puruṣa. Esto se debe a que el samadhi es más que ganar por encima de la sabiduría racional. Es un estado que excede los grilletes de la mente, el ego, los prejuicios personales, los sentidos físicos y las limitaciones de los procesos de pensamiento humanos. El samadhi es un viaje que comienza con la retención de la atención provocada por el objeto utilizado en la meditación – la forma perceptible de la Prakrit.

Tipos de Samadhi

Samprajñāta-Samādhi (sánscrito: सविकल्पसमाधि)

Estos son los samadhi en los que los samskaras escapan de la destrucción. Por esta razón, a menudo se le llama Savikalpa Samadhi o Sabija Samadhi (samadhi con apoyo) porque las semillas de samskara permanecen. Esta forma de samadhi requiere una meditación consciente o concreta en la que el yogui es plenamente consciente del mundo, de sí mismo y de la paz interior. Este samadhi es dualista en pensamiento, ya que hay una distinción entre el objeto y el observador.

El comentario de Vyasa propone los cuatro niveles (bhumi) de Samprajñāta desde la superficie hasta el nivel más profundo. El primer nivel es **SavitarkaSamādhi**. Esto también se conoce como meditación deliberativa o Vitarka (वितर्क) y se define como la conciencia o el conocimiento de los detalles; implica la contemplación del mundo en el espacio y el tiempo. En este nivel, el yogui medita mientras es consciente de un objeto físico, como la estatua de una deidad (murti), la llama de una lámpara, etc. Esta meditación es posible porque la percepción es fácil. El objeto es familiar y se relaciona con nuestros sentidos. Cuando esta meditación termina, se convierte en Nirvitarka-samāpatti.

El segundo nivel es **Savichara Samadhi.** Es una pérdida de tiempo y espacio. Tiene la citta enfocada en un objeto no fácilmente percibido por los sentidos humanos. Este nivel está designado por la claridad de la mente interior (Visaradya). En cambio, se cree que estos arquetipos existen basados en la inferencia a través de la cognición de los órganos de los sentidos. Ejemplos de estos objetos sutiles (arquetipos) son; prana (respiración interna), Buddhi (intelecto), y chakra (centros de energía). Esta meditación termina en Nirvichara-samāpatti. El Yoga Sutra 1.48 se refiere a este estado como Rtambhara, esencia intelectual o sabiduría verdadera.

En el tercer nivel, tenemos el **Sananda Samadhi.** Este es el nivel de dicha consciente, que se activa cuando el yogui ha aumentado la Sattva Guna (fuerza de equilibrio, pureza y armonía). Citta ha progresado más allá del mundo objetivo, más allá de la reflexión, el intelecto y el razonamiento para establecerse en la mente sáttvica (pura) alegre. Esta es la razón por la que este nivel de samadhi se llama "Samadhi Feliz".

El cuarto nivel es el **Asmita Samadhi.** La dicha se ha evaporado con la consciencia penetrando todo el camino hacia Buddhi. En esta etapa, Buddhi ha dejado atrás todos los rastros del mundo material para estar en sintonía con puruṣa. Puruṣa se convierte entonces en objeto de meditación, y todo lo que queda atrás es puro ego sáttvico. En esta etapa, uno adquiere conciencia de su individualidad para abrazar el estado "Yo Soy" en su forma elemental más precisa.

El yogui se expone a la divinidad dentro de sí mismo. Debe tener cuidado en este nivel, ya que el ego es un arma de doble filo. Cuando se usa con un corazón limpio, puede fomentar el progreso y ayudar a la humanidad, pero el progreso espiritual puede atrofiarse por la codicia.

El yogui que practica Samprajnata debe hacerlo con un corazón desinteresado y puro para evitar que el yogui abuse de sus habilidades.

AsamprajñātaSamādhi (sánscrito: असम्प्रज्ञातसमाधि)

Esto también se llama Nirvikalpa Samadhi o Nirbija Samadhi ("samadhi sin semilla"). Esta etapa de samādhi representa el estado más alto de samādhi. Es un estado de dicha obtenido donde el yogui ha descubierto el yo más alto. Sinónimo de iluminación, esta etapa hace que la mente sea una pizarra en blanco donde el devoto está libre de todo pensamiento material. Citta se asegura de que el yogui vea la unidad y la perfección en todo.

Asamprajñāta permite que la conciencia del yogui (astral, causal y física) alcance un estado de perfecta no-dualidad, donde no existen diferencias entre el universo y el yo. Esta forma de samadhi trae independencia (kaivalya) y una excelente conciencia sobre la práctica deliberada del cese de las impresiones o modificaciones mentales.

SamprajñātaSamādhi difiere de AsamprajñātaSamādhi porque el primero requiere apoyo o ālambanas. En Samprajñāta o en la cognitiva samādhi, citta necesita un objeto en el que centrarse, ya sea sutil o tosco, hasta que se alcance el dharma-megha (la perfecta superconciencia).

Los peligros de Samādhi

Samādhi proporciona beneficios y riesgos al profesional. La meditación (samādhi) trae calma y paz. ¿Qué peligro podría existir con la paz, se pueden preguntar? Que una vez que la mente está en un estado de calma, es posible perderse en la dicha, por lo que citta se puede negar a volver a la realidad.

Esta pregunta es la razón de Upacarasamādhi. Upacarasamādhi nos ata a la realidad de manera que incluso mientras está en samādhijhana, la mente puede salir de un estado de calma profunda y sostenida para comprender la realidad. El rechazo a hacer esto agudiza la mente hasta un punto, como un nuevo cuchillo de carnicero que uno se niega a usar. La sabiduría de samādhi se convierte en un enemigo debido a la falta de conciencia. No hay comprensión o claridad en todo ese conocimiento.

Capítulo cuatro: Savitarka contra Nirvitarka Samadhi

Entendiendo la serenidad llamada Samādhi

Buda le dijo una vez a Bodhisattva Bhadrapāla, "Hay una sola práctica del dharma que uno debe ensayar y preservar. Uno debe cultivarla antes de seguir cualquier otro dharma, una que es muy loable y la más importante de todas las cualidades: La cualidad de la meditación en la que todos los budas del presente están delante de uno".

Centrar la mente es como construir un hogar para uno mismo. KhaṉikaSamādhi es una concentración temporal similar a una casa sin techo y sin paja. Upacarasamādhi es una concentración umbral idéntico a una casa con techo y baldosas. Después de upacarasamādhi es la contemplación fija llamada Appanāsamādhi, un tipo de meditación que se asemeja a una casa robusta construida con ladrillos. Entrenar la mente para estar centrada es como conseguir un refugio. Una mente centrada es como un arma, una fortaleza que lo mantiene a uno a salvo de la inundación del dolor y el sufrimiento mundano.

Cuando la mente está centrada y libre de obstáculos, el cuerpo se siente bien. Este estado en el que tanto la mente como el cuerpo son fuertes se llama SamādhiBalam – La fuerza de la concentración. La concentración enfocada deja espacio para el discernimiento, la habilidad de ver y manejar el estrés. Como se mencionó anteriormente, el estado de samādhi o trance es doble: Samprajñāta y Asamprajñāta. El primero es la conciencia del hombre cerrada a las perturbaciones externas, pero dejando las actividades internas o iniciadas para continuar sin perturbaciones. El segundo tiene todas estas cualidades en cese.

Es esencial saber que hay entidades que existen naturalmente en un estado de samādhi. Estos seres son conocidos como Prakriti-layas y Videhas y poseen una conciencia cósmica, por lo que no necesitan alcanzar el samadhi por esfuerzo. Un Videha es un deva (sánscrito: देव o ser celestial) que ha perdido la conciencia corporal. La comprensión de Videha de sí mismo no se limita a su cuerpo.

El sentido de autoconciencia de la Prakriti-laya es uno con el universo. Estos seres, se sienten fusionados con el universo. Los videhas y las Prakriti-layas son Mukta (liberados) desde el principio. Puede encontrarlos en cualquier ciclo del mundo que esté en curso, en el futuro Kalpa (कल्प), que es el tiempo entre la creación y la recreación de todo lo que es o el cosmos.

Para las entidades ordinarias como nosotros los humanos, los requisitos para la liberación han sido escritos en los sutras de esta manera: **"श्रद्धावीमस्मयणृतसभाणधप्रान्नवूकयइतयषे -śraddhā-vīrya-smṛtisamādhi-prajñā-pūrvakaitareṣām".** Traducido, significa: "Para los demás (este Samadhi) viene a través de la fe, la energía, la memoria, la concentración y la discriminación de lo real". En términos más sencillos, para que los humanos obtengan samādhi, deben aprender a suprimir citta. Suprimir citta requiere enormes reservas de energía, meditación, fe, sabiduría, y una memoria retentiva.

Todas estas cualidades pueden ser deseables para convertirse en un yogui exitoso. Sin embargo, uno debe ser consciente de que el nivel de éxito depende en gran medida del tiempo y el esfuerzo que se ponga en la práctica. La forma más rápida y segura de obtener el samadhi es a través del amor de Dios. Amando a Dios con el corazón y el alma cesan todas las funciones mentales. La suspensión de estas funciones es necesaria, ya que Īśvara es omnisciente, el mentor de todos.

En los sutras, Īśvara es un Puruṣa distinto, sin ser tocado por los vehículos de la aflicción, la acción y la fruición. El nombre místico de Īśvara es **OM, o AUM** (escrito con el símbolo genérico de Devanagari ॐ). Om es un sonido simple con un significado poderoso. OM es el mundo entero comprimido en una sílaba que significa la unidad de corazón, cuerpo y alma. Om es el corazón del yoga y representa la esencia del atman y la última realidad.

OM está en todas partes. Está en el torbellino de los vientos del tornado, en el crepitar de una llama o en el estruendo de las entrañas del océano. El sonido primordial OM existe en el escenario de la creación y la meditación profunda después de aquietar el parloteo de la mente.

Recitar el místico sonido OM de manera consistente mientras se medita en las letras permite que el atman (el yo interior) se manifieste. Las distracciones abundarán, pero una vez que un devoto fija su atención en Dios – el único punto y la verdad – Samādhi no solo es experimentado por monjes cerrados o yoguis célibes atrapados en monasterios tibetanos o cuevas indias. Hay grandes yoguis y yoguinis que son padres que llevan un hogar típico. Esto demuestra que la iluminación es solo difícil, no imposible.

El camino para alcanzar el Samadhi

El sabio Patañjali dio instrucciones claras para ayudarnos a todos a alcanzar la iluminación o Samādhi (sánscrito समाधी, también llamado samāpatti). De acuerdo con el comentario ofrecido por Vyasa sobre el samadhi pada (primer sutra), la mente pensante, o materia mental, o citta, tiene cinco estados:

- Mūḍha: El estado tórpido o letárgico
- Ekagra: El estado de concentración
- Ksipta: El estado inquieto
- Nirrudha: El estado restringido
- Viksipta: El estado de distracción

Los únicos estados considerados dentro del yoga son el estado de ekagra y el estado de nirrudha. Son las impresiones subliminales (samskaras) y las distracciones (vikshepas) que tenemos en mente, las que causan las fluctuaciones mentales o chitta con las que debemos lidiar. De acuerdo con Patañjali, hay nueve clasificaciones principales de distracción con las que debemos lidiar:

- Letargo o Styana
- Enfermedad o Vyadhi
- Duda o Samsaya
- La mundanalidad o Avirati
- La vacilación en la concentración, o Anavasthitatva
- Desamparo o Alasya
- Descuido o Pramada
- La falta de concentración, o Alabdhabhumikatva
- Errores de percepción o Bhrantidarshana

Cuando se está en un estado de conciencia meditativa o en trance, se está en Samadhi. La etimología del Samadhi se basa en Sam-a-dha, que significa "reunir". Esta es la palabra usada para denotar una mente unificada, o Ekaggata. El Samadhi persiste cuando tanto el espíritu como el intelecto están en unidad (Brahman). Ocurre cuando se es consciente del ego, la ira, el miedo, la alegría, o cualquier otra emoción, y sin embargo puede permanecer enfocado en el simple hecho de ser. La condición para obtener el poder del samadhi es asegurar la liberación del samsara, o el ciclo de muerte y renacimiento.

Niveles del Samadhi

Nivel uno: Savikalpa Samadhi. Esta etapa ocurre cuando se supera toda la actividad mental. Según Patañjali, se entra en otro mundo y se permanece imperturbable frente al concepto inconstante de espacio y tiempo por un corto período. Usted ve el ciclo de las cosas. Este nivel tiene cuatro etapas: Savitarka, Savichara, Sa-Anada y Sa-Asmita.

Nivel dos: Nirvikalpa Samadhi. En este estado de samadhi, el samskara y el ego han cesado, y solo queda la conciencia pura. El corazón está completamente despierto y se siente más grande que la vida misma. Se siente como vivir la vida al 200%, donde uno posee un poder y una dicha infinita que le ayuda a ver la divinidad en todo. Esta etapa puede durar desde unas pocas horas hasta unos pocos días. Debido a la infinita alegría en este estado, muchos de los que llegan aquí no desean regresar. Sin embargo, hay una advertencia: Cualquiera que permanezca en el nirvikalpa samadhi durante más de 21 días hará que su alma se aleje de su cuerpo físico para siempre.

Nivel tres: Sahaja Samadhi. Es la etapa de la iluminación natural o espontánea. Esta etapa es donde el yogui puede mantener el silencio interior en su vida diaria. De esta manera, el yogui experimenta y mantiene el nirvikalpa irradiando y manifestando luz cada segundo. Aquí, uno experimenta la conciencia unificada para convertirse así en uno lleno de gracia divina.

Nivel cuatro: Dharma Megha Samadhi. Tambien conocido como la nube de la virtud. Esta etapa surge cuando se ha perdido el deseo de la iluminación. Esta etapa no se gana a través del esfuerzo personal. Pero es un regalo divino que se revela cuando las acciones no llegan a nada. En esta etapa del samadhi, las ataduras kármicas se disuelven para que el yogui pueda convertir cualquier cosa en realidad mediante el poder de la intención.

Los diez tipos de Samādhi

Todos los tipos de samādhi implican la completa absorción del yogui dentro de un intenso estado de concentración mental. La única diferencia entre cada estado son los diferentes niveles de conciencia.

- **Savitarkasamādhi (सवितर्क):** Es la etapa inicial de Dhyana (contemplación, reflexión abstracta) y la primera forma de samādhi. A medida que el yogui o yogini practica consistentemente en esta etapa, se abre paso a través de pratyāya (contenido de la mente o ideas) para llegar a vitarka.

- **Nirvitarkasamādhi (निर्वितर्क):** Vitarka proviene de una palabra sánscrita वितर्क. Sus raíces son वि (Vi) y तर्क (Tarka). Vitarka significa investigación o razonamiento. Vitarka va de la mano con samādhi, ya que es la naturaleza de la mente preguntar sobre el objeto de la meditación continuamente.

  En el nirvitarka samadhi, la mente interrogante es impulsada por quien ha logrado la unión con el objeto de la meditación. El nirvitarka implica examinar creativamente el objeto sobre el que se está mediando hasta que se perciben dimensiones más profundas y sutiles que normalmente no se notarían. Esta examinación le lleva tan profundamente que descubre los tanmatras (sánscrito: तन्मात्र), que son elementos sutiles como el sabor, el olor, el sonido, el tacto, la forma.

El conocimiento del samadhi vitarka termina en el nivel de los tanmatras. Para que el yogui pueda ver a través de las composiciones de los elementos sutiles, la mente necesita más enfoque, para ello es necesario vicāra. Nirvitarka samadhi se asemeja a un vacío. Romper a través de pratyāya para liberar el artha (significado) permite a la conciencia moverse desde la dirección exterior (paranga cetano) hacia el interior (pratyakcetana). Su frontera es Asamprajñāta samadhi en vitarka hasta la frontera de vicāra.

- **Nirvicārasamādhi (निर्विचार):** Vicār (विचार) en sánscrito significa deliberación. Sus raíces son los símbolos sánscritos वि- (vi) y चर् (cara), significa "vagar, moverse o tener conocimiento de". Vicāra es una práctica de yoga de la filosofía Vedanta que también acompaña al samadhi. Vicāra es una forma de interrogación más clara en comparación con el vitarka y está en sintonía con el descubrimiento de los tanmatras. La mente durante nirvicārasamādhi desarrolla una resonancia con el objeto de la meditación. En el yoga sutra 1.44, Sri Patañjali enseña "एतयैवसविचारानिर्विचाराचसूक्ष्मविषयाव्याख्याता॥४४॥" o "Etayaivasavicārānirvicārā cha sūkṣma-viṣayavyākhyātā," que cuando se traduce significa, "Por esto, se explican los pensamientos deliberativos y no deliberativos sobre cosas sutiles".

Nirvicārā es la disolución de pratyāya al nivel de vicāra. Una vez que se alcanza el cetano de pratyak, se llama nirvicāra, y desde allí se trasciende a Ananda. En el sutra 1.47, Patañjali enseña "निर्विचारवैशारद्येऽध्यात्मप्रसादः॥४७॥- " o "Nirvicāra-vaiśāradye- 'dhyātma-prasādaḥ". Este verso significa que el flujo constante de nirvicārāsamādhi resulta en la omnipresencia de la coherencia del atman (el yo eterno).

• **Ānanda (आनन्द),** que significa felicidad o alegría. Este es el aspecto de samādhi más allá de los elementos sutiles. Ananda es la mente alegre libre de estrés, carga o miedo. Increíblemente reconfortante, este estado de samādhi es más que la típica experiencia de felicidad. Ananda refleja la felicidad sin límites que es el yo. Esta forma de placer puede hacernos creer que hemos alcanzado la iluminación, tentándonos a detener nuestros esfuerzos de auto-realización.

• **Asmitā (अस्मिता).** "Asmi" se traduce vagamente como "Am". En primera persona, asmi significa "Yo soy". El sufijo "ta" significa "ness". En esta etapa, el yogui ha alcanzado la etapa más alta posible de "Yo Soy-ness", el más profundo grado de conciencia y el más alto grado de vritti. Pratyāya se desintegra cuando Asamprajñāta se logra en Asmita. El yogui no experimenta nada excepto una conciencia pura y en blanco. Esta ocurrencia lleva a la siguiente samādhi conocida como Nirbījasamādhi.

• **NirbījaSamādhi (निर्बीजसमाधि):** Los aforismos sobre este estado son abstractos y difíciles de comprender. Uno puede deducir del sutra que, en este nivel, el yogui se enfrenta al vacío que existe entre momentos en el tiempo.

• **Dharma Meghasamādhi (धर्ममेघसमाधि):** Este samadhi es la encarnación no dual de la libertad de kaivalya, la unicidad absoluta). Este es el más alto samādhi obtenido en el momento de la muerte biológica. En la literatura clásica hindú, este samādhi se describe como "un estado en el que la mente abandona progresivamente el concepto tanto de meditador como de meditación". El efecto de este samadhi es el cese y la conversión de todo el Karma almacenado en vidas inconmensurables y la "evolución del Dharma puro (धर्म) de la virtud, la ley, y el camino de la rectitud".

La diferencia entre Sabija y NirbijaSamādhi

Patanjali dividió samādhi en dos tipos principales: Sabija y Nirbija. Sabijasamādhi también se llama samādhi con semillas o samādhi inferior y tiene nueve sutras dedicados a su comprensión en los sutras de Patañjali (sutras 1.42- 50). En contraste, Nirbījasamādhi (sin semillas) tiene solo un sutra que explica el ápice de todos los samādhi.

SabijaSamādhi

El énfasis que Patañjali pone en sabija es una advertencia sobre las muchas formas en que las cosas pueden salir mal una vez que uno se vuelve descuidado al meditar en cualquier punto de sabijasamādhi. Sabija requiere compromiso y vigilancia para sumergir la mente con pureza. La pureza aquí se desarrolla practicando el altruismo, la compasión, el desapasionamiento y la bondad.

Sabija también implica disciplina mental y encontrar un equilibrio entre la meditación yogui y la vida cotidiana. El estupor mental y la inercia son difíciles de evitar o detectar durante sabijasamādhi, por lo que, en el sutra, Patañjali nos insta a librar nuestra mente de tamas (carga, inercia) y a llenarla de sattva (pureza, luz). Sabijasamādhi se asocia con prajñā (intuición, sabiduría).

A medida que uno practica la meditación, la mente se agudiza para que sea más fácil distinguir el bien del mal y las decisiones finales están libres de dudas. Ya no habrá más miedo a lo desconocido mientras se camine en el camino de alcanzar el autodominio. En el sutra 1.48, dice, "ऋतम्भरातत्रप्रज्ञा॥४८॥- Rtambharaatatrapraj~jaa". En este sutra, Patañjali explica cómo la sabiduría intuitiva en el Rtam (leyes eternas y orden cósmico) reside en sabijasamādhi de modo que la perspicacia iluminadora del rtam ayuda a ver las semillas (bija) del samskara (impresiones de acciones pasadas) o hechos kármicos.

Los samskaras pueden ser dolorosos o placenteros. La mente discerniente en sabija recoge qué semillas se nutren y cuáles deben ser descartadas. Vairāgya realza esta etapa. Sabijasamādhi es la etapa más dinámica del viaje hacia la iluminación.

El potencial de la mente se despierta, se unifica y se llena de rtam, por lo que descubre que se le ha dotado de un cuerpo para servir al alma y sabe hasta qué punto los deseos humanos deben ser satisfechos, disciplinados o retenidos. Esta revelación de la verdad superior es el rasgo distintivo de sabijasamādhi.

NirbijaSamādhi

El yogui en nirbīja no tiene semillas de meditación. Él es el único objeto de su búsqueda. El reino del yogui de nirbīja se logra con la capacidad de ver todos los objetos del reino de prakṛiti, incluidos ellos mismos, tal como son. La diferencia entre sabīja y nirbīja es que el primero requiere la presencia de un objeto (semilla) cuya realidad debe ser comprendida.

Las semillas existen en prakṛiti y son el foco de la meditación (samayama). Bija puede ser cualquier cosa, desde una roca o una llama hasta un pensamiento o una experiencia. Nirbija samadhi, por otro lado, es el proverbial ojo de la aguja. Extremadamente difícil de alcanzar, es el reino de lo sutil y el objetivo sin objeto. Mientras que sabijasamādhi permite a un yogui buscarse a sí mismo mientras un velo nubla su visión, nirbīja es la evolución espiritual que arranca el velo para alcanzar la iluminación.

En nirbīja se encuentra la dicha espiritual, la iluminación espontánea y la liberación de los pensamientos, condicionamientos y apegos. Nirbīja es por lo que, en el yoga actual, en este samadhi es sinónimo del despertar del kundalini. Es esencial entender que nirbīja no es el resultado de una práctica constante, sino que ocurre con la entrega repentina tanto de la práctica como del practicante, dependiendo de la dirección de la práctica.

Nirbija es la evolución natural de sabija que ocurre cuando atman ha perdido su poder. La entrega total de las impresiones kármicas deja atrás nirbīja para revelar el último estado llamado dharma-meghasamādhi.

Capítulo cinco: La filosofía de Sādhanā y su conexión con Kleśa

Sādhanā (साधना) es una práctica espiritual y un compromiso de por vida hecho para liberarnos de las espinas de la limitación humana en un intento de aumentar nuestra conexión con lo supremo. El sadhana no es para los individuos meramente curiosos en la búsqueda de siddhi (poderes psíquicos). Es para la gente dedicada al increíble viaje que es la salvación.

Sādhanā se logra estudiando las escrituras religiosas, la oración, la asociación con los iluminados y la meditación.

Todas estas son prácticas necesarias porque el camino de la espiritualidad tiene sus espinas y pendientes resbaladizas. Con una firme resolución, entrenamiento y paciencia, el producto final de la sadhana es una mejor perspectiva de la vida, la alegría y la comunicación con Dios. Un sādhaka, sādhak, o sādhaj (sánscrito: साधक) es una persona dedicada a seguir un sādhanā específico diseñado para realizar un objetivo final.

Un verdadero sādhaka es aquel que puede diferenciar entre lo que sirve a su propósito espiritual y lo que lo mantiene apegado al mundo, impidiéndole expandir su conciencia. Todos los ejercicios mentales de la sadhana se hacen para librarnos de Kleśa (aflicciones o bloqueos mentales) que nos impiden la totalidad y la realización de Dios.

De acuerdo con el yoga, el sutra 2.2 "सभाणधबावनाथ्यशतनकूयिाथिय॥२॥-samādhibhāvanārthaḥkleśatanūkaraṇārthaśca", que se traduce como "La intención es alcanzar gradualmente la contemplación (samadhi) y disminuir las causas del sufrimiento (kleśas).

Kleśa: La raíz del sufrimiento humano

Kleśa (sánscrito क्लेश, también klesha) son obstáculos o aflicciones mentales que se convierten en una guarida para los samskaras, que se desarrollan en acciones y acompañan al karma. Una de las filosofías del Vedanta nos recuerda que cuando la iluminación está ausente, la vida contiene sufrimiento. El sufrimiento no debe ser confundido con el dolor. El dolor es la incomodidad, mental, física o emocional, que nos sucede mientras que el sufrimiento es la forma en que interpretamos, identificamos y reaccionamos al dolor.

El tercer śloka del segundo capítulo del Yoga de Patañjali sūtra menciona cinco aflicciones o venenos (Sánscrito: pañcakleśā). "Estas cinco aflicciones son ávidyā (ignorancia o malentendido sobre la realidad), asmitā (egoísmo), raga (apego), dveṣa (odio o aversión), y abhiniveśāḥ (miedo a la muerte por aferrarse ignorantemente a la vida y al presente)".

Ávidyā o ignorancia: Esto sucede cuando se olvida o se desconoce la verdadera naturaleza de la realidad. En Ávidyā, usted está en la oscuridad acerca de su verdadera naturaleza como un ser espiritual, la conciencia pura e ilimitada, la conciencia inmortal, y la eterna intemporalidad que nunca nació y nunca perecerá.

Desafortunadamente, el ajetreo de la vida diaria ha ocultado la verdad a nuestra conciencia.

Este kleśa nos hace ver lo impuro como puro, lo temporal como permanente, y lo doloroso como agradable. Avidya se traduce comúnmente como ignorancia, pero se describe mejor como una mal interpretación o malentendido. Esta distinción se debe a que la ignorancia hace creer una falta total de comprensión, mientras que la mala interpretación representa una inexactitud en la interpretación, que conduce a errores de comprensión.

En los Yoga Sutras de Patanjali, Ávidyā se considera el caldo de cultivo de los otros cuatro kleśas, ya sean débiles, interrumpidos, inactivos o sostenidos. En pocas palabras, dukkha (sufrimiento) son modificaciones de las expresiones cualitativas y cuantitativas de Ávidyā.

Un Kleśa débil implica que se experimenta un leve sufrimiento. Los tentáculos de la sadhana debilitan esta forma de Kleśa. Un ejemplo de sadhana incluye la práctica de yoga para trascender el ego. Interceptados Kleśa son los que oscilan constantemente, pero el yogui se pone a trabajar para controlarlos. Los Kleśa inactivos son aflicciones latentes. Existen, pero aún no han encontrado una vía favorable para su expresión. Kleśa sostenida son aquellas kleśa en pleno florecimiento, sin obstáculos y expresadas. No es que no podamos tener metas o deseos. Todos deseamos ya sea belleza, fama, riqueza, o cosas mundanas que los medios de comunicación presentan como caminos hacia la felicidad.

El yoga y la meditación nos enseñan que todo en la naturaleza es temporal, cambiando con el paso del tiempo. La única realidad inmutable es la purusa, que es el principio universal y la conciencia pura de la que todos formamos parte. El purusa no se ve afectado y es inalterable por los elementos básicos y sutiles.

Purusa nunca evoluciona. Por lo tanto, el placer que obtenemos de deificar ideales que cambian frecuentemente no es purusa. Estos ideales pueden ser cualquier cosa, desde la necesidad de encajar en una multitud particular para elogios o el placer temporal de la indulgencia de la comida y los bocadillos cargados de azúcar.

Los siete estados de Ávidyā

- La incredulidad de que la unión con el alma, tal como se enseña en el yoga, es imposible y actuar como si lo fuera.
- La inestabilidad o una mente inconstante.
- Existir con la asociación del dolor.
- Crear condiciones que hacen que se experimente el dolor.
- La inferioridad y la disposición promedio.
- Aceptar o confundir el cuerpo perecedero con el atman.
- Vivir con aflicción, agonía y miseria.

Un signo revelador de que la avidya ya no nos tiene controlados es cuando nuestra constante identificación con los apegos, posesiones y posición se tambalea y disminuye. Una bombilla se enciende en nuestras cabezas para que nos demos cuenta de que no estamos mejor con ellos, y no sufriremos sin ellos.

Asmitā o el egoísmo o un falso sentido del yo: Esta Kleśa es la primicia de Ávidyā y un caso de identidad equivocada. Asmitā es el culpable que lleva a confundir al vidente (atman) con los instrumentos de la vista (manas o mente, citta o cosas de la mente, indriyāṇi o órganos de los sentidos, y buddhi o facultad determinante). Usted vive en una casa, pero no está hecho de ladrillos o cemento ¿verdad? Asmita es similar al bhishma metafórico del Bhagavad Gita.

El ego se manifiesta de manera diferente. El ego toca todo, desde la ropa que llevamos puesta, la comida que comemos, e incluso donde vivimos. Cómo se presentaría usted si se le hace la pregunta, "¿Quién es usted?". Probablemente comenzaría con su nombre, edad, profesión, y tal vez estado civil. Podría añadir un hobby en el que sobresalga como el legendario "glaseado de pastel". Este es un comportamiento totalmente natural porque asmita es el resultado de la tendencia humana natural a identificarse demasiado con los pensamientos y sentimientos.

Digamos que usted es un doctor de profesión. ¿Qué pasará cuando ya no pueda practicar la medicina? ¿Se someterá al dolor por el número de años que ha invertido, por su tiempo y esfuerzo en la escuela de medicina? El ego es el reflejo de purusa en citta. Ambos pueden parecerse, pero purusa es el verdadero problema, mientras que asmita es un duplicado barato.

Una vez que dejemos ir esos sentimientos sobre nosotros mismos, nunca sufriremos heridas, preocupaciones o insultos, saltando de cabeza en el vagón emocional que es el telón de fondo de hoy en día.

El yoga nos enseña a no ver las cosas como son, sino como somos. Una solución para asmita es expandir nuestro sentido del yo para incluir a los demás. Esto permite un sentido de conciencia compartida para que sintamos el vínculo entre nuestra alma y los demás. A esto se le llama conectar con el "todo" en lugar de con el "particular". Asmita se confunde a menudo con ahamkara. Ahamkara es la fuerza o el poder que crea la individualidad. Debido a ahamkara, podemos decir con confianza, "Soy una mujer" o "Soy un hombre".

Rāga o apego: El Sutra II:7 dice, "Raga es el apego o la inclinación que reside en el placer". Raga es la atracción y la búsqueda de los placeres que complacen a los sentidos.

La cadena de eventos que conducen a raga puede ocurrir de repente o por accidente. Compramos un objeto que nos hace felices o participamos en una actividad que nos complace. El subidón temporal de ese placer nos lleva a gastar tiempo, recursos y energía para repetir esa experiencia o permanecer en esa longitud de onda placentera. Con el tiempo, este deseo nos obliga a actuar sin pensar, y cuando no conseguimos lo que queremos, nos sentimos tristes.

Cuando conseguimos lo que queremos, queremos aún más. La rabia se convierte entonces en una aflicción que nos atrapa en un círculo vicioso de deseo en el que buscamos continuamente cosas o personas que nos hagan felices.

Incluso los estudiantes de yoga pueden apegarse a asanas o ejercicios específicos. El crecimiento espiritual nos obliga a asumir retos, a agitar las cosas un poco, pero manteniéndonos alejados del resultado. Aceptar la impermanencia de la vida y abrazar cada momento que pasa es como quitar el velo de raga.

Dveṣa o aversión: Después de que las tonalidades de asmita y avidya se añaden a las manifestaciones aparentes; nuestras impresiones sensoriales podrían interpretar la "realidad" de tal manera que ahamkara la colorea con dvesa o disgusto, añadiendo otra falsa identidad al "yo" basada en la aversión.

Digamos que usted ve una pintura, y decide que los colores en el lienzo no le atraen, por lo que el cuadro es feo. Esta aversión o parcialidad es un ejemplo de dvesa. Las impresiones y las falsas identidades se almacenan en el citta como monedas en una alcancía esperando a aparecer cuando se presenta la ocasión.

Con dvesa, se evita cualquier cosa que sea desagradable o que amenace el ego. Dvesa es una de las causas más comunes de adicción o de autolesión. Usted bebe para escapar de sus problemas. Se convierte en un glotón que come sus preocupaciones o evita situaciones incómodas. Dvesa causa aflicción al forzar la mente a construir muros de miedo y negatividad en lugar de enfrentar los problemas de frente.

Conquistar dvesa involucra la desaprobación de vairagya para que su aversión no se vea nublada por avidya o prejuicios, sino que sea completamente consciente de su estado de ser y del poder de discernimiento que viene con el buddhi. Esta es la única manera en que dvesa no forma un samskara. El verdadero ser sabe que nada les pertenece, y que nada es parte de ellos.

Abhiniveśāḥ o el miedo a lo desconocido: Este es el quinto y último kleśa. Este miedo podría ser parte de raga o dvesa. La atracción y la aversión son aflicciones que nos obligan a vivir como si temiéramos morir. Este kleśa no es fácil de combatir, ya que la mayoría de la gente se niega a reconocer su existencia en su mente subconsciente.

Cada deseo tiene una capa de abhiniveśāḥ para proteger el deseo de perder todo su atractivo o presencia. Nuestro miedo obliga a nuestros cuerpos a reaccionar de muchas maneras: Morderse las uñas, moverse, palmas y frente sudorosas, espasmos musculares, etc., lo que nos dice que algo está sucediendo en los más profundos recovecos de nuestra mente, no importa cómo intentemos negarlo.

Combatiendo kleśa

Debido a que todas ellas son semillas de avidya, kleśa es un obstáculo para la auto-realización, uniéndonos al ciclo continuo de muerte y renacimiento debido a los samskaras. Para combatir estas aflicciones mentales en nuestra conciencia, uno necesita reflexionar sobre cómo influyen en nuestro comportamiento y proceso de pensamiento.

La reflexión es la única manera de lograr la autoconciencia. El siguiente paso es despertar nuestra sabiduría interior usando la meditación profunda para abrazar nuestro verdadero ser. El último y final paso es buscar el conocimiento, encontrar nuestro propósito mientras reconocemos los objetivos que no nos sirven, mantener la mente, y establecer nuevas intenciones para manifestar el cambio que deseamos.

El guṇa y su lugar en la creencia yóguica

En el yoga, el mundo se divide en dos categorías: Prakriti o ilusión y purusa o realidad. Todo lo que se puede encontrar en maya o prakriti tiene tres cualidades muy importantes o guna (sánscrito गु, que significa calidad, o hebra, o fibra). El guna está presente en todas partes y en todos los objetos en diferentes grados, algunos dominantes, otros no tanto. Los tres gunas son:

- Rajas (actividad, pasión, deseo, pena, emoción)
- Tamas (destrucción, oscuridad, letargo, inercia)
- Sattva (pureza, armonía, felicidad o conocimiento)

La influencia del guna y la búsqueda del equilibrio

Podemos alterar conscientemente los grados de dominio del guna en nuestros cuerpos y mentes. Dependiendo de qué guna domina a la vez, nuestra percepción, estado de ánimo y apegos pueden verse afectados. Por ejemplo, cuando estamos sátvicos, nos sentimos felices, armoniosos y tranquilos, como un vaso medio lleno. Un estado rajásico implica hiperactividad y determinación para realizar tareas, mientras que la falta de motivación caracteriza un estado tamásico, por lo que nuestros estados de ánimo se vuelven cínicos y agrios. Estas tres cualidades son necesarias en la vida, ninguna más que la otra. Rajas nos ayuda a levantarnos cada mañana. Tamas nos recuerda que debemos descansar, y sattva nos ayuda con la atención, la conciencia de nosotros mismos y la claridad.

El yoga no existe para mantenernos puramente en sattva. Manténganse en sattva el tiempo suficiente, y Tamas eventualmente lo seguirá. Aceptar el cambio es el equilibrio que se necesita después de todo; nadie está siempre alegre, tranquilo o desmotivado. Incluso un reloj roto dice la hora correcta dos veces al día. No puede haber sattva sin rajas y tamas; abrazar nuestros gunas constantemente cambiantes tampoco es donde termina la maestría. El objetivo es el desapego de los tres gunas para ver la realidad más allá de la ilusión. De esta manera, usted es indiferente al placer o al dolor, a la pena o a la alegría.

Karmāśaya y los frutos del karma

Karmāśaya (कर्माशय) es también conocido como el mar de karma o receptáculo de obras. Se deriva del karma कर्म, que significa "acción, obras" y āśaya आशय. Este receptáculo almacena los efectos de las acciones de una vida anterior que se repiten como nuevos impulsos para la acción. El karmasaya permanece hasta que se eliminan todas sus causas fundamentales. Estas raíces son los frutos del karma.

Este receptáculo almacena los efectos de las acciones de una vida anterior que se repiten como nuevos impulsos para la acción. El karmasaya permanece hasta que se eliminan todas sus causas fundamentales. Estas raíces son los frutos del karma.

Karmasaya en la literatura hindú se utiliza para explicar el deseo (vāsanā) y saṃskāra.

El total del karma acumulado se conoce como karma sañcita. En las enseñanzas de Swami Sivananda, cuando el cuerpo físico muere, llevamos nuestro cuerpo astral de 17 elementos (tattvas) y el karmasaya al plano mental.

El karmasaya tiene sus raíces en el Kleśas y se experimenta en las vidas tanto vistas como no vistas como está escrito en el sutra 2.12: "Karmāśaya o impresión latente de acción basada en aflicciones, se activa en esta vida o en una vida venidera".

Karma, reencarnación, y mokṣa

La reencarnación es un concepto que existe en varias culturas y religiones. En la literatura budista, hay dos hechos relacionados con la reencarnación: El karma y la moksa. El hinduismo cree que nuestros actos (karma) determinan la calidad de nuestras vidas. Si se vive una buena vida, se acumula un buen karma y viceversa. El karma se puede producir de cuatro maneras:

- Pensamientos
- Acciones personales
- Palabras
- Acciones que otros hacen bajo nuestra instrucción.

Estas acciones (buenas o malas) crean frutos kármicos que son transportados en un receptáculo (karmasaya) a la siguiente vida a través del atman. La reencarnación es el renacimiento de un alma o espíritu individual continuamente hasta el moksa (liberación del samsara y el cuarto objetivo de la vida). Esto significa que cada vez que un alma nace, puede mejorarse a sí misma, el ciclo de la trasmigración continúa (reencarnación) hasta que se supera avidya y no se desea nada.

Una vez que el alma llega a esta etapa, ya no lucha con el ciclo de muerte y renacimiento. Como ahora sabemos que la vida no termina con la muerte del cuerpo físico, sino que el alma sigue viviendo, con cada reencarnación, el alma se acerca un paso más a la perfección: Mokṣa (मोक्ष), también llamada vimoksha, vimukthi y mukti.

Después de una serie de reencarnaciones exitosas, el alma se vuelve lo suficientemente madura como para no necesitar más un cuerpo físico. En cambio, el alma continúa evolucionando en los planos internos de la conciencia hasta que se libera. Esta liberación del samsara o de las impresiones kármicas se conoce como moksa. Se dice que el moksa ocurre cuando nuestra alma ha evolucionado con éxito, las impresiones kármicas extrañas se han disuelto y Dios se ha hecho plenamente presente.

Capítulo seis: El óctuple sendero del yoga

En los Yoga Sutras, Patanjali se suele llamar aṣṭāṅga (अष्टाङ्ग) donde aṣṭā significa ocho y aṅga, miembro. Aṣṭāṅga es tanto una tradición específica de yoga como la que cubre todos los aspectos de la filosofía del yoga. El autor de aṣṭāṅga yoga es Maharishi Patanjali, el mismo autor de los Yoga Sutras de Patanjali.

Se dice que las escrituras de aṣṭāṅga fueron escritas alrededor del año 200 a. C., aunque hay argumentos de que las copias originales de la literatura tienen unos pocos miles de años. Estas escrituras comenzaron como una tradición oral transmitida por memorización o aprendizaje de memoria de los versos de una generación a otra. En el siglo XV, las enseñanzas se conocían actualmente como Raja o yoga real. Los sutras de yoga se clasifican en cuatro secciones llamadas pāda (पाद), denominadas: Samadhi pada, Sadhana pada, Vibhuti pada y Kaivalya pada. Aṣṭāṅga yoga entra en la categoría de sadhana pada.

Los ocho miembros o el óctuple sendero, como medicina para el alma, sirven como receta para la conducta ética y moral y la autodisciplina. Los ocho miembros no son una creencia o disciplina paso a paso para mejorar la naturaleza espiritual, sino que son una perspectiva multidisciplinaria que debe ser practicada en conjunto o desarrollada en conjunto para la auto-realización. La práctica de la meditación ayuda al yogui o al devoto a desarrollarse en estos aspectos. Los ocho miembros del yoga son:

1. Yama (restricciones o prohibiciones)
2. Niyama (observaciones espirituales o acciones)
3. Dharana (concentración)
4. Samadhi (estado superconsciente)
5. Pranayama (control de la respiración)
6. Dhyana (meditación)
7. Asana (postura)
8. Pratyahara (retiro de los sentidos)

Patanjali clasifica el yama, el niyama, el pranayama y el asana en el **bahiranga yoga** mientras que el dhyana, el samadhi y el dharana caen en el **antaranga yoga.** Pratyahara es el vínculo entre los dos.

Yāma (यम)

La primera extremidad es una palabra sánscrita que significa "brida", "freno" o "restricción". En este contexto, implica autocontrol y disciplina. También es una interpretación de los comportamientos que influyen en nuestras actitudes hacia los demás. Estos yāmas destruyen el deseo y la negatividad para transformar la humanidad en algo divino. Practicar yāma llena el corazón de luz, amor cósmico y armonía. Hay cinco yamas. Tienen un orden distinto y forman la base del samadhi. Los cinco yamas se enumeran a continuación.

1. Ahiṃsā (अहिंसा): Este es el primer yama porque primero hay que liberarse de la barbarie de su naturaleza. Solo entonces se puede desarrollar el amor cósmico y ser capaz de practicar el yoga. Ahiṃsā simplemente significa no violencia. No permite la crueldad hacia el hombre o los animales de ninguna manera o por ninguna razón.

Este yama implica más que solo bondad; es consideración y respeto hacia otras personas, animales y cosas. Es amor positivo en su totalidad. Cuando se practica ahiṃsā, no se debe desear el daño, ya sea a través de pensamientos poco amables o mirando a los mendigos, animales y sirvientes como se hace en hiṃsā – crueldad. Bajo hiṃsā también se contempla a otro sufriendo dolor injustamente o aprobando la crueldad hacia otros.

2. Satya (सत्य): Esto significa veracidad. En la vida, no siempre es deseable decir la verdad en todas las ocasiones, ya que puede causar daño a otro sin querer. Satya insta a uno a expresar la más alta verdad, pero no se debe ser irrespetuoso con ella. Todo el ser es la verdad. Las doce formas de la verdad practicadas por los desinteresados incluyen la visión igualitaria, la caridad, la filantropía desinteresada, la inocencia compasiva, el discurso veraz, el autocontrol, el perdón, y la ausencia de emulación envidiosa, la autoposesión, la resistencia, la modestia y la falta de celos.

Su verdad no debe ser desagradable, dañina, o representar cualquier falsedad. Si la verdad tiene efectos adversos en otro, es mejor permanecer en silencio, para que nuestras palabras no entren en conflicto con ahiṃsā. Existe la creencia de que cuando alguien dice la verdad solo durante doce años, adquiere Vak siddhi, y todo lo que esa persona diga se hará realidad. Una vez que se establece en la verdad y la honestidad, todas las demás virtudes le abrazan.

3. Asteya (अस्तेय): "Steya" en sánscrito significa "robar". Asteya es exactamente lo contrario. Es un yama que nos enseña a no ser codiciosos o a no tomar nada que no sea nuestro. También significa que cuando se coloca en un lugar donde otro le confía algo o le hace confiar en él, usted no traiciona ni se aprovecha indebidamente. Asteya es una forma de autocontrol porque lo que no es tuyo por derecho es alimentado por el deseo (Kama) o la sed (Trishna), lo que atrae el mal karma en esta vida y en la siguiente.

4. Brahmacharya (ब्रह्मचर्य): Este es el yama más controversial, el que tiene el jadeo más fuerte en un cuarto lleno de estudiantes. Brahmacharya significa "fluyendo con brahma". Es una práctica que implica el celibato y la superación del deseo de sexo.

Brahmacharya es una práctica que le ayuda a crecer y mantener su energía si se la guarda para usted mismo. Esto se debe a que cuando se tiene sexo o se tiene intimidad con alguien, se entregan aspectos de su energía y no se está en todo su potencial. La abstinencia es una práctica que prevalece en los deportes de poder como el fútbol, la lucha libre y el boxeo, donde la agresión es un rasgo deseable. La agresión puede no ser considerada deseable en el yoga debido a la ahimsa, pero hay otra trampa para permanecer célibe.

Muchos expertos en espiritualismo y kung fu opinan que el sexo drena la energía interna o chi, robándole la motivación y el espíritu competitivo. Los argumentos pueden ir a favor o en contra de este punto de vista. Aún así, el hecho es que una ronda de sexo puede demandar alrededor de 101 calorías (hombres) y 69 calorías (mujeres), lo que significa que un promedio de 3,6 calorías de energía se quema a cada minuto de la cópula.

Todos amamos el placer como humanos, así que un voto de celibato es una píldora difícil de tragar, incluso para aquellos comprometidos con el yoga. Brahmacharya ayuda al yogui a retener las reservas de energía llenas de Ojas (la forma de energía para el enfoque y la claridad). Apila suficientes Ojas, y proyectas Tejas (luz personal) al universo. No todos los maestros de yoga son estrictos con el celibato.

Maestros como Swami Satchidananda abogan por el sexo si ocurre entre dos personas en una verdadera relación de pareja. Para él, relaciones como estas ayudan a las personas a ser más felices y más productivas. Así que, en lugar de la abstinencia total, Satchidananda predica la moderación no solo en la intimidad sexual, sino también en el trabajo, la comida, el sueño y la bebida. Brahmacharya establece límites razonables para que nos convirtamos en la mejor versión de nosotros mismos. De esta manera, no nos volvemos demasiado indulgentes y perdemos de vista las cosas que más importan.

5. **Aparigraha (अपरिग्रह):** A en este caso significa "no", una connotación negativa. Pari significa "de todos los lados", y graha significa "agarrar o tomar". Aparigraha, el último yama, significa no tomar más de lo necesario. Es lo contrario de Parigraha, que significa "agarrar".

Aparigraha implica más que solo manejar la codicia. Es mostrar respeto por el hombre y la naturaleza. El siglo XXI ha enseñado al hombre a explotar todo hasta el punto de ser demasiado indulgente, por lo que muestra una gran falta de respeto por los dones que la naturaleza nos ha proporcionado. Este yama es la claridad mental que diferencia el deseo de la necesidad.

No hay nada ilegal o pecaminoso en albergar un deseo si no supera una necesidad. A menudo, las líneas entre el deseo y la necesidad son borrosas, por lo que abusamos de la gente, vamos más allá de nuestras posibilidades, engañamos o forzamos una situación a favor de un deseo.

La aparigraha requiere el apoyo de los otros yamas. Detiene el miedo a la pérdida, la falsedad, el odio, el robo, la ira, la depresión, la lujuria, etc., y restaura la paz y la satisfacción.

Hay una frase sánscrita que dice, "Nada es mío" o "No para mí, sino para ti". Este principio puede sonar simple, pero abarca el universo entero y es una forma de Īśvarapraṇidhāna o devoción total. El código de idamna mam acerca al hombre un paso más a aparigraha porque el que sirve desinteresadamente obtendrá el samadhi.

Incluso el Bhagavad Gita habla de aparigraha cuando enseña que los devotos deben dejar atrás todas sus posesiones que suponen un obstáculo en el camino del yoga. No estoy abogando por que usted se afeite la cabeza, use ropa de saco y regale su casa. Lo que aconsejo en cambio es que encontrar el equilibrio y usar lo que se tiene con sensatez.

Niyama (नियम)

Niyama es el segundo miembro del yoga sutra de Patanjali. Niyama significa leyes o reglas para la observancia personal. Se diferencia de su contraparte yama en que mientras yama enseña sobre las actitudes hacia los demás, niyama es más personal e implica nuestras actitudes hacia nosotros mismos. Los niyamas se enumeran en el verso 32 de la sadhana pada y son cinco en total:

1. **Śauca o Shaucha (शौच):** Esto significa limpieza, pureza de palabra, mente y cuerpo. Śauca es lo mismo que suddhi (शुद्धि). El yoga sutras deja claro lo vital que es mantener el cuerpo y la mente limpios y puros para que podamos crecer en claridad mental (sattva), seguir teniendo

buenos sentimientos y estar siempre alegres de actitud (saumanasya).

Esto nos permite centrarnos con atención (ekāgrya), el dominio y la unión de los sentidos (indriya), asegurando una disposición o preparación (yogyatvāni) para la auto-realización (ātmadarśana).

Śauca es tanto la pureza interna como la externa. La pureza externa ayuda a generar pureza interna al librarse de las emociones negativas, otorgando al devoto serenidad, aplomo y felicidad cuando se hace atentamente. La práctica de śauca permite renunciar a los apegos físicos, lo que facilita la práctica gradual del brahmacharya. Una forma de inculcar la pureza interior es la práctica de asanas y pranayama.

2. **Santosha (संतोष):** Esto se traduce en felicidad, satisfacción o modestia. Vivimos en una época en la que la mente está continuamente atraída por las necesidades percibidas. La búsqueda interminable de lo que sentimos que queremos nos decepciona en extremo cuando no conseguimos lo que deseamos. Solo por esta razón, muchos caen en la depresión y contemplan el daño a sí mismos o el suicidio en casos extremos.

La decepción, la depresión y el suicidio son algunos ejemplos de eventos que suceden porque no tenemos la disciplina de la satisfacción. No vemos que incluso la falta tiene un propósito y podría ser el karma. Santosha nos enseña a aceptar nuestro destino en lugar de anhelar una cosa u otra y quejarnos de lo que no tenemos.

El yoga sutra enseña que "A partir de la satisfacción, se alcanza la mayor felicidad". La iluminación solo desciende a una mente satisfecha, ya que es la corriente mística de la felicidad la que impulsa los tres fuegos del samsara.

Santosha es el único antídoto para el gusano de cancro que es la codicia y es uno de los cuatro centinelas que vigilan la puerta del moksa. Los otros son Satsanga (compañía sabia), Vichara (investigación) y Shanti (paz).

3. **Tapas (तपस्):** Esto significa ascetismo, austeridad o purificación. Antes de entrar en detalles sobre este yama, me gustaría contarles la historia de un joyero al que admiro mucho: Lluis Masriera. ¿Ha visto alguna vez cómo se hacen las piezas de oro? Lluis calienta las toscas pepitas de aspecto sucio a una temperatura de 10.00-12.000 °C. Esta temperatura separa los metales de la aleación, de modo que el oro se hunde hasta el fondo para ser recogido. Otros metales e impurezas son dejados atrás.

Cuando está frío, el oro se calienta aún más y se coloca en una mezcla de ácido nítrico y clorhídrico para una mayor purificación. Después de esto, los métodos analíticos del laboratorio ayudan a determinar cuántos quilates (pureza) tiene el oro antes de formarse en barras de oro. Lluis afirma que cada pieza única toma por lo menos seis semanas para hacerla y, a lo sumo, unos pocos años.

Este ejemplo ilustra cómo nos movemos a través de la vida, recogiendo impurezas (klesa). Somos purificados por el horno que es tapas. Se nos recuerda nuestra naturaleza original, atman, siempre pura. Según el comentario de Alistair Shearer sobre los sutras de Patanjali, tapas trata de la alquimia interior; es un proceso de transmutación en el que quemamos toda la imperfección y dejamos atrás solo la pureza.

Tapas es el acto de mantener el cuerpo sano para confrontar y manejar los antojos internos sin mostrar el exterior. De esta manera, calentamos el cuerpo y, como el oro u otros metales, lo purificamos.

Tapas viene en muchas formas, desde prestar atención a lo que comemos y a cómo nos comportamos, a los patrones de respiración, etc. Ayuda a desarrollar la disciplina, de modo que no comemos, por ejemplo, cuando no tenemos hambre, ya que la gula es un castigo para el cuerpo.

Tapas nos impide someter nuestro cuerpo a enfermedades como la falta de aliento, la obesidad, la alta presión sanguínea, etc. Como hemos establecido, tapas significa restricción o purificación. Las austeridades, como la observación del silencio y el ayuno, ayudan a aumentar la disciplina. Desintoxicar el cuerpo no es fácil, ya que es incómodo desprenderse de las toxinas y otras capas superficiales para ayudar a evolucionar más allá de la estera del yogui.

4. **Svadhyaya (स्वाध्याय):** Este es un estudio de los Vedas, introspección y auto-reflexión. Sva es una palabra sánscrita que significa "yo", y adhyaya significa examen. Svadhyaya significa "acércate a algo" o "estudia a ti mismo". Este niyama nos enseña a centrarnos y permanecer no reactivos a las dualidades para purgar nuestras almas de tendencias indeseadas y destructivas.

Svadhyaya continuamente hace la pregunta, "¿Quién soy yo?". Esta forma de introspección es un satsang indirecto porque se puede estar en situaciones donde la compañía directa del sabio es imposible. El auto-estudio aclara las dudas y eleva la mente, llenando el alma con sattwa a medida que progresamos en nuestro viaje hacia la auto-realización.

5. **Īśvarapraṇidhāna (ईश्वरप्रणिधान):** Las palabras raíz de Īśvarapraṇidhāna son īśvara (ईश्वर), y praṇidhāna (प्रणिधान). Este último niyama es el núcleo del yoga. Una forma segura de ser devorado por nuestro ego, de permanecer

espiritualmente estancado, es elegir una vida sin devoción a lo divino o al todopoderoso, y desdeñar su voluntad para nuestras vidas. Su ego querrá engañarle para que piense que no necesita a nadie más que a usted mismo para hacer lo que desea que ocurra, pero Īśvarapraṇidhānserves es un recordatorio de que no puede hacer nada por su cuenta y que necesita toda la ayuda que pueda conseguir -- y no hay nada de malo en ello.

Piense en Īśvarapraṇidhāna como una llamada a dedicarse a un poder mayor y a entregarse a una causa mucho más grande que su existencia. Usted podría estar tentado a asumir que una rendición tan total significa ser débil, pero ese no es el caso. Usted es realmente uno con el Todo, y es uno con la voluntad divina del cosmos. Lo único que tiene que hacer después de dar lo mejor de sí mismo es dejarlo en manos de Dios, comulgando con él en la oración, confiando en que recibirá la mejor de las soluciones.

Piense en los niyamas como brújulas para su espíritu, ya que le guían a lo largo de su camino, mostrándole cómo mantenerse puro en cuerpo y mente. Con este punto de vista, a medida que continúe con su práctica, se hace más fácil. Usted crecerá en una fuerza que no puede ser contenida o restringida por su naturaleza humana.

Durante los siguientes capítulos, nos sumergiremos en el resto de los caminos del yoga.

Capítulo siete: Asanas, pranayama y pratyahara

Āsana (आसन) es una palabra sánscrita que significa postura, posición o asiento. Según los Yoga Sutras de Patanjali, "La postura de meditación debe ser firme y cómoda". La traducción verbal de la palabra asana es "permanecer o quedarse". En el yoga, el cuerpo es un templo o vehículo para el espíritu, su cuidado es vital para el crecimiento espiritual. Así, el asana ha demostrado ser la forma en que una persona experimenta la unidad de la mente y el cuerpo.

Muchas asanas se derivan de los movimientos y posiciones naturales de los animales y llevan los nombres de dichos animales. Por ejemplo, Marjari (postura del gato) que alarga la columna vertebral y estira el cuerpo, Shashankasana (postura de la liebre) para ayudar a la relajación, y Bhujangasana (postura de la cobra) para ayudar a soltar la agitación emocional y la agresión son ejemplos de raja o asanas reales.

Cada postura es dinámica en el sentido de que el yogui está perfectamente centrado entre la actividad y la no actividad, la tranquilidad y el movimiento. Cada asana es una creación de una obra maestra mental, una oración física que, una vez que la dominamos, nos ayuda a manejar las dualidades de la vida.

Al estirar en el yoga, considere los sutras 11.47, que aclaran que la forma de realizar asanas es a través de aflojar (Śaithilya), poner el esfuerzo requerido (Prayatna), y meditar únicamente en lo ilimitado (Ananta).

Śaithilya ayuda a la mente a descartar sus muchas barreras para que haya un perfecto estado de equilibrio sin obstáculos. De esta manera, las asanas sirven al doble propósito de explorar la mente consciente e inconsciente. La respiración juega un papel importante en las asanas. La coordinación de los movimientos corporales con los patrones de respiración hace una práctica de yoga armoniosa que estimula la temperatura del cuerpo, el metabolismo y la circulación.

Con las asanas, la respiración mejora la relajación de los músculos al expandir y contraer conscientemente áreas tensas del cuerpo para crear una mente tranquila y clara. Las asanas son tanto un paso en la preparación para la meditación como una forma de meditación. Sri Patanjali enseña que el asana y el control de la respiración crean un equilibrio en el flujo de energía de cualquier organismo, creando un campo fértil para que el espíritu evolucione.

Asanas y gimnasia: ¿Similares o diferentes?

A primera vista, puede parecer que la gimnasia es similar a las poses del yoga. Iyengar observó que las asanas son prácticas que "crean firmeza, salud y ligereza en las extremidades". Las asanas crean resistencia y miembros sanos y ágiles para permitir el equilibrio mental y prescindir de la inconstancia mental.

Es cierto que las asanas y la gimnasia requieren flexibilidad y fuerza, pero hay diferencias clave:

- La gimnasia y el yoga exigen equilibrio, resistencia y flexibilidad. Sin embargo, la gimnasia requiere un montón de agilidad que no se aplica a todos los grupos de edad, a diferencia del yoga, que puede ser practicado tanto por niños pequeños como por ancianos.

- La gimnasia es más bien un deporte físico, pero el yoga desarrolla tanto las facultades físicas como las mentales.
- El yoga enseña a desechar el ego, aceptar nuestras limitaciones y estar en el momento. La gimnasia, por otro lado, es extremadamente competitiva.

Beneficios de las asanas

1. Mayor flexibilidad y mejor fuerza muscular.
2. Aumenta la circulación y fortalece la columna vertebral para una mejor postura.
3. En general, mejor claridad mental y salud emocional.
4. Alimentación más saludable y un estilo de vida que promueve el autocuidado.
5. Alivia el dolor agudo y crónico, ya que la mayoría de las poses están en sincronía con la respiración.
6. Estimulación del sistema nervioso, los órganos y la actividad glandular.

Prāṇāyāma (प्राणायाम)

La base de Prāṇāyāmacomprises el sánscrito prāna, que significa fuerza vital, y āyāma, que significa regular, extender, controlar, extraer o restringir. El Yoga Sutra II.49 dice: "Tasmin sati śvāsapraśvāsayorgativicchedḥprānāyāmḥ" o que [posición firme] siendo adquiridos, tales movimientos de inhalación y exhalación deben ser controlados. Esto es prāṇāyāma.

Prāṇāyāma, movimiento hacia el prana, implica una respiración medida y controlada para controlar la energía dentro de un ser vivo para restaurar el equilibrio y promover la salud. Controlar la respiración es sinónimo de mantener la fuerza vital porque cuando la respiración inspirada se encuentra con la expirada, el aire se dirige hacia el interior del sistema energético del cuerpo o chakras, principalmente hacia arriba hasta el chakra de la corona.

El pranayama es vital para la práctica del yoga. Está estrechamente asociado con las asanas. En los Yoga Sutras, el pranayama y el asana se describen como los métodos de purificación más eficaces y un medio de autodisciplina para la mente y el cuerpo. Las asanas y el pranayama producen sensaciones de calor – Tapas, el fuego interior de la purificación. Entonces tapas también funcionan para purificar los nadis, eliminando todas las impurezas del interior (Nadishuddhi). Los nadis son básicamente los sutiles canales nerviosos del cuerpo. Cuando se limpian, se produce un resultado directo en el cuerpo y la mente.

Las tres modificaciones principales en prāṇāyāma

Prāṇāyāma, descrito por Bhattacharya e Iyengar, consiste en tres ejercicios de respiración realizados durante Saṃdhyā. La regulación de la respiración comprende:

- Inspiración de aire o Pūrak
- Retención de aire o Kumbhaka, y,
- Expiración o Rechak

Kumbhaka se clasifica además en Bahyakumbhaka (retención tras la inhalación) y Antara kumbhaka (retención tras la exhalación).

Las modificaciones o fases de la respiración también son dadas por Patanjali, que describe tres tipos principales de pranayama:

- Bāhyavṛtti o inhalación
- Ābhyantaravṛtti o la exhalación
- Staṁbhavṛtti o la retención del aliento

A los entusiastas del yogui y a los principiantes que aprenden prāṇāyāma se les enseña bāhyavṛtti al principio, ya que es seguro y cómodo. Solo después de dominar esta técnica se les puede enseñar el método y los beneficios de ābhyantaravṛtti. Estas tres prácticas se realizan sucesivamente después de lograr la asana deseada, pero existen variaciones de estas técnicas mencionadas anteriormente según kāla (tiempo), saṁkhya (recuento), y deśa (lugar).

Kāla se refiere al tiempo que se retiene la respiración. Saṁkhya es el número de conteos que pasan después de inhalar y después de exhalar, mientras que deśa indica el centro de atención mientras se respira, ya sea el tercer ojo, las regiones medias o altas, o la base de la columna vertebral.

El cuarto Prāṇāyāma

Se dice que este prāṇāyāma está más allá de los otros tres y se llama kevalakuṁbhaka o ākṣepī. Este pranayama, o kumbhaka, está muy lejos del reino de lo que está dentro y lo que está fuera. Cuando se descompone este sutra, se ve así:

- Bāhya = Externo
- Abhyantara = Interno
- Viṣayā = Esfera
- Bāhya-ābhyantra = Retención del aliento después de la exhalación
- Abhyantara-viṣayā = Retención del aliento tras la inhalación
- Akṣepī = Superando
- Caturthaḥ = El cuarto

Durante el pranayama, los yoguis pasan de una experiencia a otra, de los niveles menos refinados a los más sutiles. Al principio, el kumbhaka (retención de la respiración) requiere un esfuerzo después del antarakumbhaka o el bahyakumbhaka. Poco después, la suspensión total de la respiración se convierte en algo espontáneo e incluso natural (Sahaj).

Esta etapa se llama kevalakuṁbhaka, y puede ocurrir en cualquier punto entre la inhalación y la exhalación. Mucha gente piensa que este fenómeno es imposible, pero sucede en el día a día, ya que experimentamos una vislumbración de kevalakumbhaka cuando nuestras mentes están en un estado de enfoque de un solo punto. Piense en las veces que ha experimentado impresionantes paisajes o una inmensa felicidad, sorpresa o conmoción, o cuando oye una hermosa pieza musical o se encuentra en un escenario espectacular.

El aire es el principal medio del Prana. Con cada respiración, absorbemos la energía cósmica, el poder de la vida y el elemento principal de la conciencia. El Prana también se encuentra en la comida, por lo que los devotos entienden la importancia de una dieta vegetariana saludable. Comer animales se considera ashiṃsā.

Los mitos afirman que la duración de la vida de una persona está preestablecida por el número de respiraciones, por lo que la práctica del pranayama enseña al yogui a preservar el tiempo y a alargar la vida mediante respiraciones profundas y tranquilas.

El cuerpo tiene un aura. Esta aura está formada por el prana. Su cuerpo también tiene nadis, que son canales que permiten el flujo de la energía sutil o prana, y son miles de ellos. Su cuerpo también tiene chakras, que son centros de energía concentrada. La cantidad de prana que fluye, y lo bien que fluye a través de estos chakras y nadis afectará su estado de ánimo. El Prana representa la fuente de energía vital que necesitan nuestras capas físicas y mentales sutiles.

Guardar conscientemente el flujo de aire del cuerpo aumenta la vitalidad, la inmunidad, la paz interior, la concentración mental y la desintoxicación. La calidad y cantidad del prana y su flujo a través de los nadis y los chakras influyen en el estado de ánimo. Cuando los niveles de prana son altos con un ritmo constante, la mente está en paz, incluso alegre.

Si no se presta atención a la respiración, se experimenta un bloqueo de los nadis, y el flujo del prana se rompe. A menudo, esta ruptura es causada por la preocupación, la tensión, el conflicto, la duda y el miedo. Incluso la ciencia ha demostrado que primero se enferma el cuerpo físico antes de experimentar la enfermedad en el cuerpo sutil.

Dado que el kevalakumbhaka no implica inhalación o exhalación, se considera la última etapa del samadhi o unión espiritual. Los entusiastas del kevalakumbhaka proponen que esta forma de pranayama tiene numerosos beneficios para la salud, desde la regeneración celular hasta la longevidad sobre la vida. A medida que el yogui entrena sus fuerzas respiratorias y prana, el kumbhaka se vuelve más refinado y sin esfuerzo. Con el tiempo, progresan a Chaturtha, que no implica la respiración a nivel físico.

Esta evolución ocurre junto con los cambios en nuestra percepción y el sutil cambio en las fuerzas pránicas. Solo se puede experimentar el chaturthah cuando se ha dominado el prana, al igual que los grandes yoguis y yoginis que realizan kumbhaka sin esfuerzo y mantienen sus sentidos (Dharana) suspendidos. La práctica del control de la respiración lleva al siguiente paso del yoga, el pratyahara, que es la retirada de los sentidos.

Beneficios del Pranayama

Sobre los beneficios del pranayama, Patanjali enseña Tatḥkṣīyateprakāśāvaraṇam. Como resultado, el velo sobre la luz interior es destruido. La luz interna, es prakasa, que está infinitamente oculta, pero nunca se destruye. Sin prakāśa, nos identificamos con la mente o el cuerpo y nos sentimos mortales.

Prāṇāyāma nos permite a todos entender la conciencia pura y el Uno, eliminando así el velo de los pensamientos y la oscuridad mental- āvaraṇam. Esta es la única manera en que podemos reducir la densidad de la mente para practicar dhāraṇā como está escrito en el sutra "dhāraṇāsu ca yogyatāmanasḥ".

Prāṇāyāma aumenta sus niveles de energía mejorando la cantidad y la calidad del prana. Incrementa su espíritu y expande su aura limpiando los canales de energía sutil y los centros de su cuerpo. Influye en su estado mental y garantiza una actitud positiva y tranquila cuando se hace correctamente. Usted toma mejores decisiones y hace frente a los bloqueos mentales mejor. Prāṇāyāma armoniza todos los canales de su cuerpo físico y promueve la dureza mental, emocional y física.

Algunos ejemplos de Pranayama

- NadiShodhan pranayama o anulom-vilom pranayama (técnica de respiración alterna de las fosas nasales)
- Bhramari pranayama (aliento de abeja)
- Bhastrika pranayama (aliento de fuelle)
- KapalBhati pranayama (técnica de respiración del cráneo brillante)
- Ujjayi Pranayama (aliento del océano)
- Simhasana Pranayama (aliento de león)

- Suryabhedan pranayama (respiración por la fosa nasal derecha)
- Sheetali pranayama (aliento frío)
- Sheetkari pranayama (respiración sibilante)

Pratyāhāraप्रत्याहार (Retracción o retiro de los sentidos)

Está formado por dos palabras sánscritas, Prati- प्रति, que significa "contra, lejos, retirada o retiro" y āhāra आहार, que significa "alimento o comida". Esta parte del yoga implica dibujar en la conciencia de uno. Es el proceso de retiro sensorial de los estímulos externos o lo que trae el alimento a los sentidos. No implica cerrar los ojos al mundo, sino la fortaleza mental para retraerse de él retomando el control, para no ser arrastrado de un lado a otro como una marioneta en una cuerda.

Swami Sivananda cree que el pratyahara es el yoga mismo y es el miembro más crucial de la sadhana. Pratyāhāra es sinónimo de la primera etapa de ṣaḍaṅgayoga enseñada por el tantra budista Kālacakra, que también enseña el retiro de los sentidos y su reemplazo con sentidos mentales de una deidad iluminada.

De acuerdo con la enseñanza de Patanjali, pratyāhāra es el vínculo entre los aspectos externos del yoga (bahiranga) que consiste en los yamas, niyamas, asanas y pranayama, así como las partes del yoga antaranga o yoga interno. Después de que el pratyahara ha sido internalizado, el yogui puede conscientemente cortar el vínculo entre la mente y los sentidos. Esto asegura que las sensaciones de los órganos de los sentidos no alerten a sus respectivos centros en el cerebro.

Esta acción conducirá a una entrada sin fisuras en Dhyana (meditación), Dharana (concentración) y samadhi (absorción mística), marcando el movimiento del estado interno del devoto desde el exterior a la esfera interna del espíritu, cuyo producto final es el objetivo del yoga. Pratyahara está estrechamente asociado con el dharana. Al realizar pratyahara, el devoto retira los sentidos y las facultades mentales de las distracciones externas.

En dharana, nuestra atención se centra en un objeto singular como una figura de una deidad o un mantra. Así, se puede decir quepratyahara es el lado positivo, dharana, el negativo del mismo enfoque espiritual. Pratyahara es vital para el yoga, ya que es la práctica que permite a cada uno reunir sus pensamientos para vadear a través del estrecho canal que lleva a la iluminación.

Cuando se absorbe en el acto de pranayama, pratyahara ocurre automáticamente. Pero incluso con el desapego sensorial, la mente no está dormida. Puede responder. Elige no hacerlo. Podemos conocer las circunstancias y eventos, pero podemos concentrarnos sin ser influenciados. Como la tortuga que se retira en su caparazón, podemos estar en el mundo, pero no ser de él.

En el mundo actual, nuestros sentidos se han convertido en nuestros amos en lugar de nuestros sirvientes, y como resultado, la mayor parte del desequilibrio emocional que sufrimos es de nuestra propia creación. Esta charla nos impide alcanzar la paz interior, ya que quemamos tanta energía mental y física tratando de suprimir las sensaciones desagradables. Por esta razón, el pratyahara es considerado como una trascendencia sensorial. Nos ofrece una oportunidad de introspección y cultivo sensorial para determinar objetivamente qué hábitos son perjudiciales para nuestro progreso espiritual.

En el yoga, hay tres niveles de ahara o alimentación. El primero es el alimento físico, que aporta los elementos materiales necesarios para nutrir el cuerpo (agua, tierra, fuego, éter y aire). El segundo ahar comprende las sustancias sutiles o impresiones que alimentan la mente, como la vista, el tacto, el gusto, el olfato y el sonido. La tercera aharanoura el alma. Estas vienen en forma de cuatro asociaciones, que nos afectan con los gunas de sattva – rajas (hiperactividad o distracción), sattva (paz y armonía), y tamas (letargo o inercia). Liberar nuestra mente de ahara le otorga a nuestras mentes un nivel de inmunidad espiritual que ayuda a resistir las influencias sensoriales negativas.

Formas de Pratyahara

Hay cuatro formas significativas de pratyahara. Son el control de los sentidos- Indriya pratyahara; el control de las obras- karma pratyahara; el control del prana (prana pratyahara), y la retracción de la mente de los sentidos (mano pratyahara).

1. **IndriyaPratyahara:** Esta es una forma básica de pratyahara, ya que la mente puede ser tan voluntariosa como un adolescente. La influencia de los medios de comunicación ha hecho que el control de nuestros sentidos parezca extraño e imposible. Cada día los diferentes medios de comunicación bombardean nuestros sentidos con colores brillantes, opciones de moda, comida, y todo tipo de indulgencia sensorial que usted pueda imaginar. Nuestras mentes zumban continuamente día a día con el bombardeo sensorial, dominando nuestra carne con demandas interminables que nos hacen prisioneros del mundo exterior para olvidar nuestro propósito superior. Indriya pratyahara nos da las armas que necesitamos para doblar nuestro espíritu a nuestra voluntad, no suprimiéndolo, sino motivándolo y controlándolo adecuadamente.

2. **Prana Pratyahara**: También llamado control de la respiración o prana, se utiliza para controlar los sentidos. Cuando el prana se dispersa, también lo hacen los sentidos. El control de los sentidos ayuda a formar y afinar la mente subconsciente. Las enseñanzas ayurvédicas afirman que exponer constantemente los sentidos a impresiones mentales a diario es como sobrecargar la mente con toxinas. Después de un tiempo, su mala higiene mental, como la grasa y las toxinas, obstruirá su mente y le llevará al letargo mental y a la enfermedad.

3. Karma Pratyahara: Este es el control de las acciones realizadas a través del control de los órganos motores. Los órganos motores reaccionan a diferentes estímulos externos a través de los órganos sensoriales. El acto del control motor ayuda en el retiro de la mente. Una vez que se aprende a entregarse desinteresadamente a lo divino, realizando un trabajo que beneficie a los demás en lugar de a uno mismo, se está practicando el karma pratyahara.

4. Mano Pratyahara: Este es el retiro de la mente. Esta forma de pratyahara implica controlar la capacidad de atención de la persona. Una vez que la mente se retira de numerosas entradas sensoriales, se pone bajo control para que las perturbaciones externas no influyan.

Capítulo ocho: Vibhooti Pada — Dharana, Dhyana, Samadhi, y Samnyama

Dhāraṇā (धारणा): Fijación de la atención

Dhāraṇā, según los sutras, es "la fijación de la mente en un punto particular del espacio". Dhāraṇā tiene como objetivo estabilizar la mente a través de la fijación en una única entidad estable. La palabra dhāraṇā viene de la raíz sánscrita dhṛ- धृ, que significa "mantener o sostener". Aquí, dhāraṇā significa introspección y enfoque en un solo punto. Esta es una forma de meditación similar a la concentración receptiva.

Consideremos un caso de irrigación artificial. Cuando los agricultores cavan zanjas para regar sus campos, los surcos sirven como canales de distancia del depósito principal. Estas zanjas suelen ser del mismo tamaño y se cavan en diferentes direcciones, cada una de ellas es una rama de la masa de agua principal. Si una vía es más ancha o más profunda que las otras, más agua fluye a través de ella. Esta analogía es el caso de dharana. Creamos las condiciones para el enfoque.

Una vez que sintonizamos nuestras mentes para enfocarnos en una dirección, el enfoque se hace más intenso, y como tal, otros aleteos de la mente se derriten como la cera en el calor. Hay diferentes prácticas para asegurar un enfoque en un solo punto:

- Dirigiendo los ojos hacia arriba y manteniéndolos en su lugar como si se enfocara en un punto en el centro de la frente.
- Dirigiendo los ojos hacia abajo como si se concentraran en el plexo solar o el ombligo.
- Dirigiendo los ojos hacia adelante para enfocar un área que corresponde al puente de su nariz.

Objetos estáticos como un mantra, la repetición silenciosa de un sonido como el OM, o la imagen de una deidad también pueden ser útiles. Estas prácticas son efectivas porque sirven para impedir que la mente se desvíe de un pensamiento a otro o de un recuerdo a otro, ya que la mente está singularmente enfocada en un objeto estático de su elección.

Si se enfoca en un solo centro de energía o chakra, se pueden sentir las barreras mentales y físicas del sistema. Esta capacidad de concentración depende de la salud y la integración primarias y no debe considerarse una especie de cura o un escape de la realidad; en su lugar, uno debe ver dhāraṇā como una práctica que ayuda a realizar la conciencia.

Con cada etapa preparándonos para la siguiente, la práctica del pratyahara es la puerta que conduce a la concentración-dharana. Pratyahara nos alivia de las distracciones externas creando un terreno fértil para tratar con las distracciones mentales. A medida que continuamos dhāraṇā mientras aplicamos las prácticas de asana y pranayama y pratyahara, aprendemos a manejar nuestro enfoque continuamente a la deriva y nos volvemos auto-observantes. Los períodos prolongados de dhāraṇā dan lugar a la meditación. Esta tarea es más fácil de decir que de hacer.

Dhyāna (Pali: झान, sánscrito: ध्यान)

Esto significa reflexión, meditación abstracta o contemplación. La raíz de la palabra dhyāna viene de la raíz sánscrita dhyai, que significa "pensar en" o dhi, que, en las escrituras védicas, significa "visión imaginativa". El término dhi se utiliza para describir a la diosa Saraswathi dotada de los dones de sabiduría, conocimiento y elocuencia poética. Dhi más tarde evolucionó a dhya y dhyana, que significan contemplación.

Thomas Berry describe dhyana como la atención sostenida y la aplicación de la mente a un punto específico de concentración. Swami Vivekananda describe dhyana como un estado donde la mente está entrenada para permanecer fijada en un lugar externo o interno, de tal manera que el poder de concentración fluye en una corriente ininterrumpida hacia ese punto.

Por ejemplo, si se enfoca en un tema o idea, dhyana es una observación y reflexión no crítica del tema en forma de un tren de pensamiento ininterrumpido. Es un flujo ininterrumpido de conciencia que considera al sujeto en todas las formas, consecuencias y aspectos. La elección de practicar dharana podría caer en uno de los dos grupos: Sakala y nishkala. Como sadhaka (buscador) en sakala, se centra en los atributos o saguna y la naturaleza sin atributos (nirguna) de Īśvara. Como sadhaka en nishkala, se centra su atención en la realidad y su naturaleza omnipresente.

Dhyana implica que el yogui no es consciente del acto de la meditación. Es una percepción de la conciencia del ser. En esta situación, dhyana despierta puruṣa o atman, el nivel fundamental del ser y la realidad última para alcanzar la dicha o la liberación. Por eso dhyana es el miembro que separa māyā de la realidad que culmina en el samadhi o unión con la fuente.

Como todos los demás miembros dentro del yoga, la meditación o la contemplación es difícil de dominar, ya que es un proceso sistemático que requiere paciencia y práctica. Esto se debe a que la meditación tiene como objetivo acallar el parloteo de la mente, incluyendo las actividades mentales normales como la estimulación sensorial, la imaginación y la memoria.

De los tres, la memoria es la más difícil de calmar. Es un cachorro que se niega a quedarse quieto sin importar cuántas golosinas se le den. Sin embargo, el uso de mantras y el enfoque único hace posible silenciar la memoria para llegar a un estado de conciencia total.

Cuando se practica dhyana, el amor fluye en y a través de nosotros. Este amor divino posee una frecuencia de vibración que trasciende los confines de la mente humana. El ego cae como escalas en dhyana solo después de que usted se entregue completamente a la voluntad divina. Lograr dhyana no es por la voluntad. Cuanto más se busque, más fácilmente se escapa de su alcance.

Lograr este séptimo anga (miembros) del yoga requerirá dedicación a los otros seis anga. De esta manera, como una rosa en flor, Dhyana le buscará y eventualmente le encontrará. Cuando la postura física, el control de la respiración y la suspensión o el control de los sentidos se practican junto con dharana y samadhi (absorción) o los miembros internos de la práctica del yoga (antaranga), se llama Samayama (संयम). Samayama es el concepto de meditación integrada y concentrada que conduce a un aumento de la sensación de autoabsorción y a la terminación de todas las modificaciones mentales.

Samayama es un término sánscrito que significa "atar, integrar o vincular". Es la práctica simultánea y continua de los aspectos más íntimos del raja yoga, es decir, dharana, dhyana y samadhi. Mientras que los otros miembros del yoga santifican el cuerpo, el samayama santifica y prepara la mente. El samayama implica un estado de control total de la mente. La completa eliminación de la mente de los apegos mundanos conduce a una mayor perspicacia en relación con el objeto de la meditación. Dhyana, en este caso, reemplaza el enfoque único de la mente (eka-tanata).

La diferencia entre Dhyana y la conciencia

Cuando uno es "consciente", al menos una de las funciones de los sentidos se encuentra en tándem con la mente. En dhyana, todos los sentidos y las entradas sensoriales se silencian mientras la mente sola permanece activa. La razón es que en dhyana, la mente está centrada hacia atman.

La conciencia tiene un punto de terminación asociado con la creación o la búsqueda de conocimiento con alguna sabiduría espiritual, tal como escuchar las escrituras para desarrollar experiencias físicas y mentales. Pero dhyana es un viaje más allá de la experiencia, uno que existe en el último pináculo de la realidad. Nos perdemos en este viaje para romper viejos samskaras mientras practicamos vairagya completo.

En la conciencia, viajamos más allá del reino de la mente. En dhyāna, somos conscientes de nuestra mente y su funcionamiento. Esto se debe a que nos hemos convertido en uno con nosotros mismos o con el Atma, ya que la conciencia pura es la fuerza impulsora detrás de todos los principios que guían las maquinaciones de la mente y el cuerpo.

El vínculo entre Dhyana y Samadhi

Dhyana puede llegar con la escucha de las escrituras (shabda), la oración, la repetición de un nombre divino (nama-japa), o las alabanzas a Dios (kirtana) para crear un ambiente favorable para el viaje espiritual. Dhyana es perfecto cuando los poderes consciente e inconsciente de sentir (bhavana shakti), actuar (kriya shakti) y pensar (chintana shakti) se funden en un único estado de conciencia. Esta fusión permite la unión del conocedor (jnata), el objeto de conocimiento (jneya), y el conocimiento mismo (jnana). Esta unión se conoce como samadhi.

En Shashthopadesha escrito por Gheranda Samhita, Sri Gheranda enseña a su alumno Chandakapali los tres tipos de dhyana, a saber:

1. **Meditación gruesa o Sthula Dhyana:** Esta es la contemplación total en una entidad divina; más específicamente, una imagen sagrada o una deidad personal (ishtadeva) o la imagen del propio maestro (gurú).

2. **Meditación sutil (Sukshma Dhyana):** Este es el polo opuesto a Sthula Dhyana. En esta forma de meditación, se contempla una forma u objeto abstracto como una forma geométrica (yantra), la fuerza serpentina enroscada en la base de la columna vertebral (kundalini), una sílaba sagrada (mantra), un ser vital (prana), o la música interior (nada). Se llevan a cabo en el shambhavi mudra, donde los ojos están entreabiertos, pero enfocados intensamente en la mente interior.

3. **Meditación luminosa (Jyotirmaya Dhyana):** En esta forma de meditación, usted debe poner toda su atención en su Atman, que es su ser puro y supremo; o se enfoca en su alma (jivatma), prestando atención a la luz que irradia de su chakra del corazón. La práctica constante permite al buscador ver la luz que reverbera en ella (pranavatmaka Jyoti). La meditación en esta forma de dhyana se hace usando un objeto brillante como la luna, las estrellas, la luz de una vela, o cualquier otro artículo recomendado por su gurú.

Según el sabio Gherand, jyotirmayadhyāna es mil veces mejor que sthuladhyāna, mientras que sukshmadhyāna es más ventajoso en comparación con jyotirmayadhyāna. De acuerdo con Chhandogya Upanishad en el capítulo VII. 6.1-2, la meditación es tan natural como la tierra y el cielo mismo; sin embargo, el rango de la meditación va solo hasta el rango del objeto meditado.

Si usted medita en la realidad absoluta o brahmán, su mente puede moverse solo hasta el rango del brahmán. Si el habla es su objeto de meditación, la mente solo viajará hasta donde el habla lo permita. Sin embargo, cuando la elección de la meditación es el yo omnisciente, usando la fe, la verdad y la reflexión, la meditación abrirá la puerta al conocimiento de la realidad universal auto-existente, que no está ni arriba ni abajo, sino dentro.

Samādhi समाधि - Conciencia totalmente integrada

Samadhi es el paso final del ashtanga yoga. Patanjali lo describe como un estado de éxtasis puro y sin diluir. En el Yoga Sutra III, Patanjali enseña "tadevārthamātranirbhāsaṃsvarūpaśūnyamivasamādhiḥ".

Cuando se traduce, significa que cuando el individuo se convierte en uno con el objeto, de modo que nada excepto la comprensión es evidente, parecerá como si el individuo hubiera perdido su identidad. Esta completa absorción con el objeto de la comprensión se conoce como samadhi.

En el libro, La Sabiduría del Yoga, Stephen Cope describe el samadhi como la unión total entre el sujeto y el objeto donde no se deja ver ninguna costura". Samadhi es la unión de dos palabras sánscritas sama- सम ue significa "juntos" y dha- धा que significa "colocar". El samadhi se define, por lo tanto, como una etapa de intensa concentración que resulta en la integración o absorción con la realidad o la conciencia última. En esta etapa, nos hemos absorbido tanto en el objeto de la meditación que nuestra mente se fusiona con él. Solo entonces podemos decir que hemos alcanzado el estado de samadhi.

Es importante entender que la libertad en el samadhi resulta de la trascendencia de los grilletes del ego. Nuestro verdadero ser es libre de las trampas de Kleśa y de las ataduras del karma, que son un subproducto de los samskaras y los vasanas (deseo). Todos estos sentimientos negativos entran en conflicto con el samadhi, ya que albergan la idea de que usted está separado de atman. Ver claramente y de igual manera desde la mente sin prejuicios o condicionamientos de hábitos o preferencias, sin necesidad de juzgar o sufrir apegos es la dicha.

El samadhi le ayuda a realizar su esencia como creador divino y le sumerge en el estado más puro del ser. A medida que usted avanza en su día a día, ya no se preocupa por el pasado, el presente o el futuro. Todo lo que es y todo lo que hace es la conciencia consciente de cada segundo, considerando cada momento que pasa como un acto sagrado.

En ese estado de samadhi donde ya no existe nada, esta unidad muestra cómo nos convertimos en una entidad con el objeto de nuestra elección y nos damos cuenta de lo que se siente ser una entidad libre de diferencias, cómo nuestra alma puede disfrutar de la dicha y la conciencia pura de esta identidad. La mente consciente busca y encuentra el olvido inconsciente, que termina en un punto en el que el alma es finalmente libre. Esta etapa se conoce como kaivalya pada, un término usado indistintamente con la emancipación o mokṣa. Una vez que el alma alcanza este estado, nunca vuelve a la esclavitud.

Hay varias etapas de samadhi, dependiendo de si el buscador ha trascendido el objeto de la meditación y está descansando con o sin el apoyo de cualquier forma de conciencia. Alcanzar el samadhi no es algo que se pueda hacer por capricho. Uno no puede elegir la práctica superior de dharana.

Se deben dar ciertos pasos simultáneamente para que uno domine cada miembro del yoga, y lo mismo ocurre con el samadhi. La mente debe estar quieta, libre de la charla externa para entrar en dharana. El fracaso en esto tiene graves consecuencias. Por esta razón, el yoga sutras sugiere practicar asanas y técnicas de respiración para prepararse para dharana, y luego profundizar en dhyana antes de que pueda ocurrir el samadhi.

A medida que alcanzamos la pura felicidad o ananda, descubrimos que nuestras preocupaciones caen como la piel vieja. Ganamos claridad de mente y dones sobrenaturales (siddhis) como el control completo de los sentidos, bilocación, poder sobre la vida y la muerte, clarividencia, etc.

Pseudo-Samadhi

Samadhi elude a aquellos que lo buscan activamente. Esto es contraproducente porque la iluminación es lo que todos buscamos. Esta búsqueda de la felicidad eterna obliga a la gente a recurrir a la pornografía, las drogas, el juego, las compras, la gula y otros hábitos destructivos. Mientras que estos hábitos ofrecen placer temporal, crean deudas kármicas que nos hunden en las profundidades, aunque la fugacidad de la altura se sienta tan bien.

La práctica de los ocho anga del yoga nos libera no solo de los malos hábitos, sino también de los confines del condicionamiento social y cultural. La disciplina que ofrece el yoga nos lleva un paso más cerca de kaivalya para que, aunque no obtengamos el samadhi en esta vida, muramos como seres mucho más evolucionados.

El verdadero Samadhi no es un estado permanente del ser. Según Patanjali, la mente debe ser pura y lista sin impresiones mentales. Solo con la pureza de la mente se llega a experimentar el samadhi por un período más largo y se alcanza mukti, mokṣa, o kaivalya. La perfección que es el samadhi glorifica cada aspecto del verdadero ser exponiéndolo a la luz del conocimiento. Alcanzar el samadhi no nos libera de nuestra individualidad; sin embargo, nos libera del apego emocional a ella. El samadhi es difícil de explicar con palabras. Es un estado único que cada individuo debe experimentar por sí mismo.

Capítulo nueve: Aplicación de los Yoga Sutras en el mundo actual

Los Yoga Sutras de Patanjali son uno de los textos fundamentales de la enseñanza del yoga. La primera enseñanza del sutra comienza con el verso "atha yoga-anuśāsanam," que significa que el yoga de ahora se comparte. Este verso nos recuerda que debemos comprometernos con la práctica diaria del yoga e inculcar las enseñanzas en nuestras vidas y en las relaciones con los demás.

Uno puede preguntarse por qué instrucciones tan antiguas que datan de dos milenios atrás son esenciales en el siglo XXI. La respuesta a esto es simple. Los sutras contienen sabiduría antigua, y hasta donde sabemos, el conocimiento no tiene fecha de caducidad. Los sutras contienen información sobre cómo podemos vivir mejor, practicar la paciencia y la autoconciencia en nuestro acelerado mundo. A continuación, se presentan algunas razones por las que las enseñanzas de Patanjali son eternas:

1. El yoga nos ayuda a entender el significado de la verdadera felicidad (Ahimsa): Los beneficios de los sutras son dobles. No solo comprendemos lo que significa la felicidad, sino que las enseñanzas también arrojan luz sobre los factores que, consciente o inconscientemente, forman barreras a la felicidad. No hay fin a la lucha en el mundo de hoy. Cada segundo del día, hay noticias sobre la guerra, el hambre y los conflictos. Toda esta información y estos sucesos solo perturban nuestra paz.

Amigos y extraños se alientan entre sí. Las conversaciones de paz en diferentes países se transmiten por televisión, pero la gente no puede evitar sentir miedo al caminar por la calle. La raíz de estos problemas no está fuera, sino dentro de nosotros mismos. Por eso los sutras hacen hincapié en la necesidad de la no violencia (ahimsa), el más crucial de los yamas. La paz mundial seguirá siendo un concepto utópico hasta que el mundo se llene de individuos que se esfuercen colectivamente por la paz.

El sutra que enseña la no violencia afirma, "En presencia de alguien firmemente establecido en la no violencia, todas las hostilidades cesan, y la enemistad es abandonada". Ahimsa no es simplemente una regla que debemos seguir. Es más que suprimir las tendencias crueles. Ahimsa es la realización del asombroso potencial inherente en nosotros, el potencial de tratar a todos con reverencia, así que no damos lugar a la violencia. Ahimsa no significa permanecer pasivo ante la violencia. Es recordar la interdependencia e interconexión dentro del cosmos. Por esta razón, hace un esfuerzo diario para mostrar amor, perdón y respeto por los demás, iniciando el cambio que desesperadamente necesitamos ver en el mundo.

Consejos para cultivar Ahimsa y encontrar la felicidad

- Sacar tiempo para alegrarle el día a alguien. Esta persona puede ser un amigo, un pariente o un total desconocido. Paga el café o el billete de autobús de alguien, compra una hamburguesa para un indigente.
- Prestar ayuda o escuchar a alguien triste o necesitado.
- Haga las paces con alguien a quien haya maltratado.
- Cuide su monólogo y diálogo interior. La conciencia es una casa construida por un pensamiento a la vez.
- Practique la auto-afirmación positiva. Reemplace las opiniones dañinas y degradantes por otras más reflexivas y amorosas.
- Permita que un conductor agresivo tenga el derecho de paso.
- Aprenda a dejarse llevar y a perdonarse a sí mismo.

2. El yoga enseña lecciones vitales que nos recuerdan que debemos ser fieles a nosotros mismos y a nuestro propósito en la vida (Satya): Satya significa veracidad. Puede tener metas y listas de tareas de un kilómetro de largo, pero si no se aborda la vida desde la perspectiva de la verdad, incluso las tareas más sencillas se sentirán como una carga que no está preparado para soportar. El mundo de hoy está lleno de falsedades, creencias y opiniones de personas que no tienen ni idea de lo que se siente al caminar una milla en sus zapatos.

El siglo XXI vende mentiras más rápido que la más simple de las verdades, y como todos luchamos por ser aceptados, vivimos nuestras vidas buscando la validación de los demás mientras nos escondemos detrás del manto de mentiras al que nos hemos acostumbrado. El Yoga Sutra 2.36 nos enseña la importancia de vivir, hablar y ser nuestra verdad. De acuerdo con el Swami Satchidananda, cuando uno se establece en la práctica de la veracidad, las acciones y reacciones se doblan a su voluntad. Lo que diga tal persona se cumplirá a su debido tiempo.

Vuelve a la última conversación que tuviste con alguien. ¿En qué pensaste? ¿Sus acciones o reacciones estaban basadas en su verdad o en algo que intentaba evitar desesperadamente? La verdad no es algo que pueda ser forzado o fabricado. El aprendizaje del yoga nos transforma, así que abordamos nuestras relaciones no solo desde el punto de vista del significado y la intimidad, sino desde el punto de vista de la vulnerabilidad y la verdad.

Satya está descubriendo su verdad dentro y fuera de la alfombra del yoga. Satya se manifiesta de diferentes maneras; en nuestros cuerpos, podemos identificar la verdadera tristeza como una sensación de opresión en el pecho, ira, una torsión o enrollamiento del abdomen, y resentimiento como una gran piedra en los hombros. Satya nos ayuda a entender y comunicar mejor nuestras necesidades y emociones porque hemos aceptado la verdad sobre cómo nos sentimos.

Abrazar a satya a través del yoga requiere que no nos pongamos a la defensiva o nos sintamos amenazados cuando otra persona vive auténticamente o dice algo que es verdad, pero que nos desagrada. Satya es mantener la mente abierta, comprender que la honestidad vale el riesgo, asumir la responsabilidad de nuestras acciones y creer en nuestra intuición cuando el resto del mundo no puede probar su veracidad.

Satya abandona nuestros prejuicios, renuncia a nuestras agendas, y la búsqueda de poder usando la manipulación para que lo divino pueda guiarnos dentro de nosotros. Como devoto, usted aprende que no toda la verdad necesita ser hablada. Esto es porque justo al lado de la integridad está el don del tacto. Usted descubrirá que decir la verdad es tan crucial como ser sensible a los sentimientos de los demás. Cuando tenga dudas sobre cómo proceder, siempre existe la opción de Mauna (silencio).

Consejos para cultivar Satya y vivir nuestra verdad

- Diga la verdad más a menudo. Atrápese cada vez que esté a punto de decir una mentira blanca o la mitad de la verdad. La única excepción a esta regla es cuando la verdad afectará negativamente a otro. Aquí, permanezca en silencio. El silencio, en este caso, está arraigado en el espíritu de la buena voluntad.

- Observe su discurso por un día. ¿Es necesario? ¿Es amable? ¿Es edificante? Solo hable cuando sus palabras cumplan con estos criterios.

- Practique el voto de silencio durante unos minutos o una hora, dependiendo de su horario. Esto asegurará que cuando usted hable, lo haga desde un lugar más auténtico.

- Escuche atentamente a su cuerpo. No por signos de mala salud, sino por signos que retraten la verdad de los sentimientos o la autenticidad de las emociones. ¿Está sonriendo mientras siente una opresión en su pecho? Manténgase al tanto de sus emociones cambiantes para crear confianza en su proceso de control interno.

3. El yoga nos enseña a manifestar la prosperidad sin robar a los demás (Astheya): ¿Qué tan alineado está usted con las leyes espirituales de la prosperidad y la manifestación? ¿Sabía que la puerta a la abundancia está construida sobre el sutra de Astheya? El sutra 2.37 dice, "Asteyapratisthayamsarvaratnaupasthanam". Traducido, este verso significa que la riqueza llega al yogui que se establece en el no robar.

Robar no siempre significa sostener un arma para tomar de otros o entrar a la fuerza. Astheya se ve en una plétora de situaciones de la vida. Somos ladrones cuando holgazaneamos en el trabajo. Tomar tiempo extra después del almuerzo para hacer cosas no relacionadas con el trabajo o una emergencia es usar los fondos o recursos de la compañía para fines que están lejos de lo que le pagan.

Llegar tarde a las citas y enviar correos electrónicos rebuscados roba el tiempo de los demás. Hablar de la gente a sus espaldas cuenta como robar su buen nombre. Guardar sus emociones en una relación le roba tiempo a la gente que quiere amarlo. Robar la idea de otro equivale a robar sus dones y una oportunidad para hacer algo de sí mismos.

El propósito de Astheya es mirar atentamente a las innumerables formas en que tomamos lo que no nos pertenece por derecho. El yoga nos ayuda a entender la satisfacción que viene del servicio desinteresado. Olvidamos nuestros egos con el yoga y dejamos de lado nuestros deseos de servir a otro sin esperar nada a cambio.

Cuando practicamos Seva (servicio desinteresado) que surge de la práctica de idam-na-mam, descubrimos la alegría pura e ilimitada. Podemos motivarnos a hacer el bien porque sabemos que dar amor no nos quita nada; ahora operamos desde la mentalidad de la abundancia.

Consejos para practicar el Astheya y el servicio desinteresado en nuestra vida diaria

- Piense en algo que tenga y valore. Piense en alguien que crea que lo necesita más que usted. Ofrezca esa cosa y evalúe cómo se siente mejor dar algo que no valore o necesite.

- Sea generoso con su tiempo y atención. En lugar de estar siempre apurado por hacer algo, ofrezca un oído que escuche, una sonrisa, un consejo, o un hombro en el que llorar.

- Practique la generosidad con paciencia. No crea que la paciencia es una virtud que se agota, porque al igual que nuestro verdadero yo, las cualidades que poseemos son ilimitadas e infinitas.

- Tome cualquier posición dentro de su comunidad para hacer trabajo voluntario. Puede ser cualquier cosa, desde refugios para animales, trabajar en un asilo o en un comedor de beneficencia. El objetivo es devolverle a la tierra que ya le ha dado tanto.

4. El yoga nos recuerda la necesidad de restricción, autocontrol y moderación (Brahmacharya): Sri Patanjali subraya la necesidad de moderación en el sutra 2.38 "Brahma-caryapratiṣṭhāyāṁvīrya-lābhaḥ-," que significa, "Cuando uno se vuelve firme en abstenerse de la continencia sexual, gana energía espiritual". Este sutra no solo enseña sobre el celibato, sino también sobre el autocontrol y la moderación en todas las cosas. El yoga nos ayuda a entender las ventajas de vivir una vida equilibrada emocional, mental y físicamente.

Todo el mundo hoy en día quiere más; más riqueza, más conexiones, partes del cuerpo mejoradas, etc. El yoga nos ayuda a ver la verdad: Los humanos solo desean más por avidya, incluso cuando saben que más no siempre es mejor. Cuando gastamos energía en un aspecto de nuestras vidas, digamos en logros materiales o físicos, nos quemamos y nos faltan recursos para atender otras partes de nuestra vida como el crecimiento espiritual y la salud mental. Incluso los atletas entienden la necesidad de mantener el ritmo antes de una competición importante.

La práctica del yoga y el estudio de sus principios evitan que se agote la fuerza y la energía vital en formas que no importan. Nos enseña a todos a manejar los recursos que tenemos de manera que fomentemos la paz mental.

Podemos practicar brahmacharya practicando la moderación en la alimentación, ya que la glotonería obliga a nuestros cuerpos a utilizar mucha energía en la digestión de los alimentos solo para sufrir inercia, letargo, aumento de peso y enfermedades.

Cuando pensamos demasiado, nos deprimimos y podemos vernos obligados a quitarnos la vida. Decida a qué quiere darle su fuerza vital y dedíquele un tiempo determinado, ni más ni menos. Este pensamiento consciente es el termostato que nos avisa cuando nuestros niveles de energía se están agotando para que podamos encontrar nuestro punto de equilibrio.

Consejos para cultivar Brahmacharya y practicar la moderación

• Controle sus ahorros y gastos. Tome decisiones financieras más sabias. Recorte las cosas que no necesita, y haga una venta de garaje para subastar toda la basura que ha guardado en su ático y sótano. Deje de esconder las cosas que no necesita.

• Proteja su energía sabiamente. No hable a menos que se le pida. No esté cerca de personas tóxicas o vampiros de energía. Establezca límites para usted mismo, el tiempo, el espacio y la energía. Nadie debe imponerle más de lo que usted está dispuesto a hacer. Solo usted le enseña a la gente cómo tratarlo mejor. Desenfoque sus límites y pase el resto de su vida teniendo que defenderse en lugar de actuar según sus prioridades.

• Encuentre su ritmo. No construya su vida o su horario en torno a la investigación científica, su mascota o su despertador. Si solo tiene ojos brillantes y cansancio cuando se pone el sol, ¡APRÓPIESE! No estoy diciendo que usted deba dejar el trabajo y convertir su semana en un fin de semana extendido. Todo lo que aconsejo es que encuentre un tiempo para trabajar, descansar, y hacer cambios para honrar su ritmo favorito

• ¿Tiene una lista de metas o actividades que aún no ha completado? Descubra qué proyectos son necesarios y comprométase solo con ellos. El autocontrol es la clave para lograr sus metas.

• Descubra qué o quién drena más su energía. Reevalúe, delegue si es necesario, y descarte lo que sea necesario descartar. Preste atención a las señales que su cuerpo da cuando los niveles de energía están en su punto más bajo.

• Observe y controle su temperamento. Remítase a los principios de ahimsa y satya.

5. El yoga nos enseña el poder de la gratitud (Aparigraha): ¿Alguna vez has tenido sed? No el tipo de sed "creo que necesito una coca cola dietética". Lo que quiero decir es el tipo en el que sus ojos se sienten secos, rojos y huecos, sus labios están agrietados y descascarados, y su voz es tan ronca que podría beber un vaso de su orina. Si alguna vez has experimentado esto o puede imaginarlo, entonces imagine que le ofrecen una taza de agua fría de manantial.

Usted estará agradecido por la promesa de un trago antes de que llegue. Y cuando la bebida llegue, apreciará cada sorbo. Cada trago sabe tan bien. Esta conciencia de gratitud se conoce como aparigraha. La aparigraha no existe en el mundo de hoy, por lo que tratamos todo con desprecio. No arreglamos; reemplazamos.

El concepto de aparigraha se enseña en el yoga. Esto magnifica nuestra felicidad ayudándonos a apreciar las bendiciones que nos rodean. Nos enseña a detectar oportunidades de crecimiento en cada momento, sin importar las circunstancias.

Si tuviera dos dólares y se los diera a dos niños al azar y solo uno mostrara gratitud, ¿a cuál le daría más dinero la próxima vez? La apreciación trae más de las cosas buenas y deseables.

El Sutra 2.39 enseña que una vez que nos elevamos por encima de nuestro miedo y envidia, cultivamos el hábito de la apreciación y comprendemos el verdadero propósito de la vida. La aparigraha es un catalizador para la abundancia, pero hay una trampa: La aparigraha es un rasgo cultivado. No depende de ninguna circunstancia en la que se encuentre en un momento dado. La gratitud viene de nuestra profunda creencia en la abundancia, que crea nuestra experiencia en ella. Cuando se vive la vida de tal manera que continuamente se cuentan las bendiciones en lugar de pensar repetidamente en la falta, reafirmamos nuestra capacidad de manifestar la abundancia incluso en las situaciones más improbables.

Consejos para cultivar la gratitud en nuestra vida diaria

- Dar más para recibir más. Siempre se recibe el doble de lo que se da al universo.
- Practique el arte de la inundación positiva. Dígale a alguien que sabe que todo lo que piensa es agradable para él. También puede practicar la inundación positiva en usted mismo. Mucha gente ha encontrado esto útil para lidiar con problemas de baja autoestima.
- Al final de cada día, o justo antes de acostarse, escriba o piense en al menos cinco cosas por las que está agradecido.
- Antes de comprar algo nuevo, pregúntese si lo está comprando solo porque no lo tiene o es algo que necesita desesperadamente. ¿Sus compras tienen un propósito genuino o se compran por codicia o envidia?

6. El yoga nos enseña a abrazar la belleza en la simplicidad (Sauca): ¿Qué significa elegir la simplicidad? Significa limpiar nuestras mentes y espacio de desorden, purificándonos mental, emocional y físicamente. La simplicidad es honrar solo los pensamientos y los actos que importan. Cuando hacemos esto, nuestros corazones y almas encuentran alegría y un sentido más profundo de conciencia.

7. Es un desafío vivir simplemente en un mundo como el nuestro, impulsado por el estrés y la vida acelerada. La simplicidad enseñada en el yoga nos ayuda a rechazar la cultura del consumismo y el deseo insaciable. ¿Cuántas cuentas de redes sociales podemos tener? ¿Cuántos suplementos para la salud son demasiado?

8. La filosofía del sauca no es vivir en algún ashram o hacer un viaje en una máquina del tiempo a tiempos en los que la vida era más simple. Sauca es la decisión de vivir en la complejidad del presente sin perder de vista el verdadero yo, el yo divino dentro de nosotros. El materialismo se ha deslizado en nuestra conciencia, llevándonos a estar involuntariamente apegados a cosas como lo que hacemos en lugar de lo que somos. Como resultado, terminamos buscando la felicidad en todos los lugares equivocados.

9. Tememos permanecer en silencio, aburrirnos, ser aburridos, o ser considerados simples. Olvidamos que la creatividad puede aumentar en el aburrimiento y que las ideas más fantásticas del mundo provienen de personas que han dominado el arte de no hacer nada a veces.

10. Debido a que tenemos vidas complicadas, hemos olvidado los placeres más simples, aquellos que traen la verdadera felicidad. Antes de correr a buscar su taza de café, ¿se ha tomado un tiempo para ver el sol salir al amanecer? Le aseguro que es tan impresionantemente hermoso que su corazón podría detenerse por un milisegundo.

Consejos para cultivar la simplicidad en nuestra vida diaria

- En lugar de pedir horas extras cada día, elabore su lista de tareas, para no tener que hacer tantas cosas a la vez.
- Haga una lista de placeres simples. Participe en actividades que no cuesten casi nada. Puede despertarse un poco más temprano y dar un paseo en lugar de tomar el autobús para ir al trabajo (si trabaja cerca). Apreciar el clima y los encantadores paisajes que se ven a lo largo del camino.
- Crear un espacio que encarne sauca en su casa o lugar de trabajo. Llénelo con amor, luz y energía positiva. No permita que nadie ni nada lo invada. Deje que este espacio le recuerde cómo sauca hace espacio en su vida para que la alegría le encuentre.
- Acate el principio SIMPLE: Deténgase, Investigue, Manténgase atento, Permanezca presente, Escuche y ame, Disfrute. Vivir de esta manera asegura que sus acciones traigan solo la más pura alegría.

11. El yoga nos enseña que a veces la satisfacción es la mayor felicidad (Santosha). Esta lección se enseña en el sutra 2.42: "Saṁtoṣāt-anuttamas-sukhalābhaḥ". Esto se traduce como "La satisfacción trae una felicidad insuperable". ¿Alguna vez has oído la oración de la serenidad? Es una oración que pide a Dios la serenidad para aceptar lo inmutable, el coraje para efectuar los cambios que podamos, y la sabiduría para diferenciarlos. Como la oración señala correctamente, hay cosas en la vida grabadas en piedra y otras dentro de nuestra influencia.

El sutra sobre santosha en el verso 2.42, nos anima a aceptar las cosas como son y buscar la sabiduría para discernir lo que puede cambiar y lo que debe quedarse sin cambios. Para muchas personas, la práctica de la satisfacción se siente como una salida. No es así. Elegir la satisfacción, sin importar las circunstancias, no significa pasividad. Significa que estamos dispuestos a crecer positivamente en la vida sin la influencia de los apegos. Siempre quejarse de las cosas que nos molestan es una resistencia, y eso causa sufrimiento.

No hay ningún chaleco antibalas en la vida contra la negatividad, la tragedia aleatoria, o el maltrato. Solo podemos elegir cómo queremos reaccionar en su lugar. Nuestras reacciones determinarán si estamos estableciendo un karma positivo o negativo para vidas futuras. Conténtese con el tamaño de su cuerpo, practique la satisfacción cuando fracase en algo, elija no quejarse o pierda la confianza ante el fracaso, porque perdonar sus debilidades es la mayor muestra de fortaleza.

Consejos para practicar la satisfacción en nuestra vida diaria

- Siéntese bajo un árbol o en cualquier lugar de la naturaleza y saboree la satisfacción que proviene del sonido de la brisa que cruje a través de las hojas.

- Cuando ocurra algo que no sea de su agrado, respire profundamente y exhale. En tu exhalación, deje ir sus preocupaciones y acepte todas las cosas como vienen.

• Cuando se le pida que realice una tarea, especialmente una que no le guste, practique hacerlo con una actitud alegre, yendo más allá de lo requerido. Capte sus pensamientos críticos. Cambie a un comportamiento más tolerante y observe cómo la aceptación le hace sentir.

El yoga nos enseña a perseverar en tiempos difíciles (Tapas): En el sutra 2.43, Patanjali nos insta a combinar una vida disciplinada con una vida de pasión. También enseña la necesidad de austeridades como la contención de la respiración, el voto de silencio y el ayuno. Estas prácticas espirituales pueden parecer un poco exageradas, pero la pasión es como el fuego. Para que sea manejada con el propósito de la creatividad en lugar de la destrucción, entonces es necesario algún tipo de control.

Los sutras enseñan la diferencia entre la voluntad y el deseo. La primera es una voluntad que está fuera de control. El entrenamiento constante de palabras, pensamientos y acciones son habilidades requeridas por un verdadero yogui. Esta disciplina de la voluntad es el entrenamiento que es tapas.

Consejos para practicar la autodisciplina y la perseverancia en nuestra vida diaria

• Promover la práctica activa de la acción correcta y considerada. Buscar los bloqueos mentales que tiene y entregar su voluntad para despejar un camino para usted mismo hacia el futuro.

• Elija un discurso de voz suave, incluso cuando esté ardiendo de rabia. Observe la diferencia que siente al regular su voz en lugar de dejarse llevar por sus emociones.

• Esté atento a los hábitos negativos y cuando aparezcan, sorprenda a su mente reaccionando exactamente de manera opuesta. Esto eliminará la terrible naturaleza de los malos hábitos.

• Dedique tiempo a identificar su propósito en la vida (dharma) y considere cómo su naturaleza única podría beneficiar a otros.

12. El yoga abre nuestras mentes a nuestra verdadera naturaleza (Svādhyāyā): a introspección es cada vez más humilde. Nunca envejece. La introspección es por lo que se paga a un costoso terapeuta. Usted puede sentarse en un cómodo sofá y responder a preguntas que le hacen pensar profundamente durante una hora.

El sutra de Svādhyāyā nos insta a mirar en nuestro interior y descubrir nuestras personalidades innatas y nuestro ser espiritual. Después de esto, daremos un paso más y nos identificaremos con nuestro ser divino, que es uno con los demás y el universo. Hacer esto en lugar de identificarnos con nuestro yo individual. A través de la introspección, podemos ser guiados por la intuición, que proporciona la mejor respuesta a los problemas de la vida.

Consejos para ayudarnos a unirnos con nuestro verdadero yo en la vida diaria

• Practique mirando hacia afuera y hacia adentro diariamente. Revise su yo individual y divino para asegurarse de que sus propósitos están alineados.

• Practique permanecer en soledad. Deshágase del ruido electrónico, los teléfonos celulares, los televisores, las computadoras, etc. Busque una guía interna en sus elecciones y acciones.

• Escriba su declaración de misión personal. Esto podría estar en una nota post-it, un diario, o como un recordatorio en su teléfono. Esta declaración debe reflejar afirmaciones positivas sobre quién es usted, lo que quiere ser en el mundo, y los cambios que desea efectuar.

• Haga un poco de lectura "ligera". Lea textos sagrados como la Biblia, el Bhagavad Gita, o las traducciones de los Yoga Sutra. Encuentre el que le hace resonar y estúdielo profundamente.

• Es importante aprender a vivir cada día como si supiera que hasta sus más pequeñas acciones tienen un efecto dominó e influyen en el mundo. Esto le ayudará a adoptar un enfoque más consciente de la vida

• Mire a todos y a todo como un espejo a través del cual puede descubrir algo sobre usted mismo. Pregúntese a diario, "¿Cómo esta virtud que aprecio o este vicio que detesto en otro refleja un aspecto de mí?".

13. El yoga nos recuerda que la entrega es la última libertad (Isvarapranidhana): Tapas, Svadhyaya e Isvarapranidhana forman el aspecto transformador del yoga llamado kriya yoga. Hemos visto la importancia de la disciplina y la satisfacción en la práctica espiritual, pero incluso estas pueden llegar a ser muy aburridas cuando se hacen sin devoción. La devoción nos proporciona el entusiasmo necesario para seguir las otras lecciones de vida que se enseñan en el yoga.

La devoción nos hace elegir recorrer intencionalmente el camino, para dar tiempo, energía y nuestras vidas en la práctica de la búsqueda de lo divino. El sutra de la devoción del 2.45 nos ayuda a entender que el amor no es solo un sentimiento, sino una forma de vida y una práctica espiritual; una que nos obliga a reconocer la conciencia compartida en todos los seres. La práctica del yoga profundiza nuestras relaciones humanas y nuestra relación con lo divino.

Consejos para practicar la devoción a Dios en nuestra vida diaria

- Construya un simple lugar de culto o un altar con artículos que representen su conexión con lo divino.
- Tome nota mentalmente de dónde provienen sus acciones. ¿Proceden de un pozo de miedo, ego o amor? Solo actúa sobre aquellos sentimientos arraigados en el amor.
- Ofrezca todo lo que tiene y está al servicio del amor divino. Deje que sus acciones sean para el mayor bien de todos los involucrados.
- Aprenda a entregarse al amor para ayudarse a aprovechar el shraddha (fe, fuerza interior) para que paso a paso, pueda superar sus desafíos.

Consejos útiles para la práctica diaria

Empieza simple: Hay muchas posiciones que pueden ser adoptadas por los principiantes. No se debe hacer demasiado, demasiado pronto. No intente posturas complicadas porque teme que las simples ofrezcan poco o ningún beneficio. Recuerde, no son solo las posturas las que proporcionan los beneficios, sino el nivel de atención. Así, las posturas simples como la de la vaca, el gato y la mariposa pueden darle niveles trascendentales de felicidad con un solo enfoque.

Una práctica más larga no siempre significa mejor: ¿Acceptaría el desafío de correr tres millas si nunca ha trotado un día en su vida? Lo mismo ocurre con el yoga. A veces las sesiones de 1 a 2 horas pueden ser poco realistas y más difíciles de mantener en comparación con una ráfaga de 30 minutos. No copie a los demás en hacer estiramientos largos. Es su viaje, después de todo. No se sienta culpable por el tiempo que le dedique. La ciencia dice que la persona promedio solo puede permanecer concentrada durante 18 minutos en un estiramiento, así que ¿por qué esforzarse durante una hora cuando su mente estará en otra parte?

No pruebe todas las poses a la vez: El Ayurveda tiene poses que se adaptan a tipos de cuerpo específicos. Se cree que todo y todos comprenden cinco elementos esenciales, que son: agua, fuego, éter, aire y tierra. Todos combinan estos elementos de manera única, y esta composición afecta a todo, desde nuestros temperamentos hasta la forma en que nos vemos y hablamos. La proporción de estos elementos varía con muchos factores; el clima, la dieta, la genética, las emociones, etc. Cada asana tiene como objetivo un elemento específico. Esta es la razón por la que algunas poses son fáciles para algunos y temidas por otros. El consejo aquí es construir su práctica alrededor de las asanas que favorecen su constitución y construyen la tolerancia.

La consistencia es la clave: Trate su práctica como lo haría con sus hábitos alimenticios o de sueño (asumiendo que tiene un horario estricto). Una vez que usted designa un tiempo para la práctica, trate de apegarse a él religiosamente. Con el tiempo, su cuerpo lo llama a practicar en ese momento, incluso cuando se olvida o no lleva reloj. Muchas personas hacen yoga por la mañana para prepararse para otras actividades del día, pero no es necesario que su práctica sea por la mañana.

El tiempo juega un papel importante en la determinación del tiempo de práctica: El hecho de que tu hora habitual sea las 6 de la mañana no significa que tengas que ir al estudio o a una colchoneta en invierno. Puede cambiar el horario de la práctica a uno que le sirva a usted y a su cuerpo. Manténgase flexible – es un juego de palabras.

Acepte sus descansos: Tómese un día libre de yoga para recargarse. El sábado es su mejor opción, ya que es un día gobernado por el planeta Saturno. Por esta razón, puede tener bajos niveles de energía en comparación con el resto de la semana. Si es necesario, puede hacer una sesión suave, pero no gaste demasiada energía.

Deje sus expectativas en la puerta: El objetivo de la práctica del yoga es que sea simple de practicar. Un día puede tener una experiencia profunda y devastadora, y al día siguiente es solo "meh". ¿Por qué? Llega a la colchoneta con una tonelada de preocupaciones, expectativas y apegos. Su experiencia en la alfombra depende de muchas cosas como si tuvo un gran sueño o si todavía se tambalea por las margaritas de la fiesta de anoche.

Recuerda que los días no tan buenos de práctica no se deben a su falta de talento o esfuerzo. Esos días promedio son así porque no se pueden forzar los momentos de felicidad. La dicha se encuentra en usted. Solo tiene que aprender a estar en el momento mientras está en la alfombra. Nada más debería importar. No piense demasiado en nada más porque le está dando a la negatividad un terreno fértil.

El enigma de la cebolla y el café: Las reglas del yoga van más allá de los asanas. Cubren ciertas restricciones dietéticas. Las estrictas reglas del yoga abogan por que un yogui deje de lado las sobras, la cebolla, el ajo, el café y la comida picante y salada. Estos alimentos podrían hacernos inquietos, causar letargo mental y entumecimiento físico. Entonces, ¿es posible que su ración extra de pan de ajo sea la razón por la que no puede ponerse de repente en la pose de la bailarina? Eso es discutible.

Los antiguos monjes eran perfeccionistas. Se despertaban a la misma hora cada día, comían las mismas raciones de comida con los mismos utensilios, y dormían a la misma hora. De esta manera, evitaban cargar su sistema con impresiones mentales y elecciones, lo que no ayuda en la práctica del yoga. No le estoy pidiendo que "se haga monje". Todo lo que humildemente sugiero es que se deshagan de los factores o alimentos que perturban su digestión y su práctica.

No deje que los malos hábitos le impidan empezar: Mucha gente usa sus malos hábitos como excusa. "Necesito dejar de fumar mucho antes de intentar hacer yoga", dicen. "Haré yoga, pero primero, déjame perder algunos kilos". Perdona mi francés, pero eso es un montón de basura. El yoga es una forma de vida, y es mejor creer que cuando se empieza, cualquier hábito que sea ineficaz para la práctica bajará como una balanza. Acéptese a sí mismo y concentre su energía en su práctica.

Lo que se debe y lo que no se debe hacer como yogui practicante

Lo que debe hacer...

- Practique en un piso plano en un lugar aireado y asegúrese de que la habitación tenga suficiente luz natural.
- Use una alfombra, una toalla o una alfombra.
- Practique mirando hacia el norte/este al amanecer o hacia el sur/oeste al atardecer.
- Descanse un rato en una postura relajada como la "postura del niño" si encuentra que la postura es difícil.
- Vacíe su vejiga después de la práctica o durante la práctica. Cuando se practica, las toxinas de los órganos fluyen hacia la vejiga debido a la gravedad.
- Practique en este orden: Asanas, pranayama, luego meditación.
- Acuéstese de espaldas después de terminar el asana, quédese quieto de 2 a 4 minutos y tome respiraciones profundas y relajantes.

Lo que no debe hacer...

- Practicar en el piso desnudo.
- Intentar suprimir reacciones involuntarias como estornudos, tos, hipo o sed.
- Practicar demasiado a menudo si está embarazada o es esa época del mes. Pregunte a su gurú por las asanas específicas que se pueden hacer durante ese período.
- Tome una ducha o beba agua 30 minutos después del yoga.
- Intente cualquier otro ejercicio estresante después de su práctica.
- Practicar yoga en un ambiente sucio o en áreas con fuertes olores desagradables.
- Hacer yoga inmediatamente después de una comida. Espere de 2 a 3 horas para que la digestión siga su curso.
- Practicar en una tormenta o en un clima con viento.
- Practicar cuando haya una herida grave como una fractura, dislocación o esguince.
- Practicar si ha tenido recientemente algún tipo de operación. Reanude su práctica de yoga solo después de consultar con un experto médico certificado.

Capítulo diez: El camino de la transformación — Karma, Vasana, Siddhi, and Ananda

Karma (sánscrito: कर्म)

Karma significa trabajo, acción o acto. Es una ley espiritual de causa y efecto en la que las acciones e intenciones de una persona afectan el futuro o la calidad de vida de esa persona. Las buenas acciones y elecciones conducen a un buen karma o renacimiento, y viceversa. El karma se explica a menudo con otro término sánscrito, kriya. Kriya se define como la actividad que conduce a los esfuerzos y acciones, mientras que el karma es el esfuerzo ejecutado o una consecuencia de la actividad (kriya).

La teoría del karma incluye no solo nuestras acciones, sino la intención detrás de nuestras acciones. El símbolo del karma es un nudo sin fin que se ve en muchos motivos culturales asiáticos y en el centro de las ruedas de oración que se venden en los templos. Los nudos representan el vínculo interminable entre causa y efecto.

Los principios que forman la base del karma

El concepto o principio del karma es difícil de definir porque hay diversas opiniones sobre el fenómeno del karma en las escuelas hindúes, jainistas y taoístas. Muchas escuelas de pensamiento consideran que el karma está vinculado al renacimiento. Algunas piensan que el renacimiento no es esencial para el karma, mientras que otras creen que la teoría del karma y el renacimiento es una ficción defectuosa. Todavía no se ha determinado si el karma es una ley, un modelo, una postura metafísica, un paradigma o un enfoque. Tres temas comunes atraviesan las escuelas de pensamiento que creen en el karma y el concepto de reencarnación.

1. **El karma está relacionado con la causalidad:** En la filosofía hindú, budista y jainista, se acuerda que las acciones ejecutadas por un individuo afectan a la calidad de vida que vive. Las acciones no intencionales o las acciones realizadas con desinterés no tienen un impacto kármico negativo. El efecto del karma puede no ser inmediato, pero puede extenderse a vidas futuras. Cuando el fruto del karma (visible o invisible) se ve en esta vida, se conoce como phala. Cuando los frutos del karma se extienden a vidas futuras, se conoce como samskara.

2. **El karma se construye sobre la ética:** Esto significa que el karma tiene una premisa simple. Que todas las acciones tienen consecuencias tanto en esta vida como en la siguiente. Los buenos actos producirán un buen karma, mientras que los malos actos tendrán un karma negativo. No es en la forma de ofrecimiento o castigo, sino más bien de acción y reacción o acción y consecuencia.

3. El karma está ligado a la reencarnación: La reencarnación también se conoce como el ciclo de renacimiento o samsara. Los hindúes creen que todos los seres vivos pasan por el samsara llevando las semillas de las acciones kármicas de sus vidas anteriores. Este ciclo de muerte y renacimiento continúa indefinidamente hasta que el ciclo se rompe tras la consecución de mokṣa.

El karma en la filosofía jainista

Los sistemas de creencias jainistas son los más antiguos sistemas de creencias indias que existen. En el jainismo, el karma es la suciedad o una mancha que ocupa el universo. No consideran el karma como ecos del pasado que encuentran su camino hacia nuestro futuro. Los jainistas creen que la suciedad kármica es atraída a la mente debido a la fuerza del campo kármico y a las vibraciones creadas por las acciones del habla, la mente y el cuerpo.

Aquí, el karma es nimitta, una causa eficiente. El alma es la causa material o upadana, ya que son las vibraciones del alma y no nuestras acciones las que permiten la entrada del karma. Como las partículas finas, el karma rodea nuestra conciencia para afectar la vida que vivimos en la actualidad.

Los jainistas enseñan las tres verdades conocidas como samyakdarsana (fe correcta), samyakcharitra (comportamiento correcto) y samyak jnana (conocimiento correcto). En la filosofía Jaina, hay siete tattvas o verdades sobre el karma que conforman la realidad:

- Ajiva: No-alma
- Jiva: Conciencia o alma
- Samvara: Obstrucción del flujo de materia kármica en el alma
- Nirjara: Disociación de la materia kármica del alma

- Moksha: Liberación completa o aniquilación de los desechos kármicos
- Bandha: Mezcla del alma con la suciedad kármica
- Asrava: Entrada de materia kármica maligna en la conciencia

Hay cuatro tipos de karma, cada uno con dos aspectos llamados arabdha (o karma brotante) y anarabdha (karma latente o de semillas).

1. **Sanchitta:** La acumulación de cada acción que uno ha tomado, desde el movimiento de nuestros cuerpos hasta la línea de nuestros pensamientos en todas las vidas que uno ha vivido. Sanchitta es todas las acciones pasadas no resueltas esperando una resolución.

2. **ParabdhaKarma:** La porción del karma sanchita que forma y afecta su vida actual, acciones, asociaciones y tendencias. Swami Sivananda enseña que esta forma de karma es la porción de sanchita responsable de influir en su cuerpo actual. Es inmutable e inevitable, ya que todos debemos pagar nuestras deudas pasadas. Da frutos, poniendo ciertas restricciones en nuestra vida, algunas de las cuales se pueden ver en nuestra carta natal o en los horóscopos.

1. **ParabdhaKarma tiene tres tipos:** El ParabdhaKarma tiene tres tipos: Ichhaparabdha (deseo personal), parechha (debido al deseo de otros), y anichha (sin deseo). Para un yogui autorrealizado (jivanmukta), no hay ichhaprarabdha, pero parechha y anichhaprarabdha existen y esperan resolución.

2. **KriyamanaKarma:** Este es el karma en el proceso de creación. Se creó y se añadió al almacén de karma de sanchita. Es el karma que se desdobla debido a nuestro libre albedrío y creatividad.

3. **AgamiKarma:** Este es el karma que ocurrirá debido a sus acciones futuras. Agami surge porque mientras tratamos de resolver el karma de nuestras vidas pasadas en esta vida, involuntariamente creamos nuevos karmas que tal vez nunca se resuelvan en esta vida. Estos son almacenados y deben ser atendidos en vidas futuras.

Resolviendo el Karma

- Cada forma de karma tiene su método de resolución. Para el karma sanchita, la bendición de gracia del Sat Guru que prescribe tapas y sadhana y el fuego sostenido de kundalini en un intento de extrema penitencia sigue siendo la única manera de que las semillas invisibles e inaccesibles de tales karmas, no germinadas sean destruidas en esta vida.
- El karma de Prarabdha se resuelve viviendo y experimentando esta vida. Finaliza con la muerte.
- Kriyamana, con los frutos de sus acciones, se resuelve a través de vairagya y de la devoción y la adoración diaria en estricta adhesión al dharma.

El karma y su relación con los Vasanas

Cada semilla de karma genera su propio nivel de vibración o fuerza conocido como vasana. Estos vasana son impresiones magnéticas subliminales subconscientes. El amor atrae el amor, la malicia atrae la malicia, con cada semilla kármica, la atracción continúa con la fuerza del magnetismo hasta que todo se desmagnetiza. Las religiones occidentales han asociado erróneamente el karma con el destino. Es una falsedad pensar que las entidades que están fuera de su control predisponen su vida. Swami Vivekananda cree que podemos crear nuestro futuro y dominar nuestro destino.

El karma es el derecho a ejercer su libre albedrío responsablemente. Es la oportunidad de elegir entre el camino de la luz y el de la oscuridad. De esta manera, sabemos que cada momento, cada palabra y cada acción es una elección. Esto nos da una conciencia más clara y una mayor responsabilidad por todo lo que somos y todo lo que hacemos.

Vāsanā -वासना: Vāsanā es un término utilizado en la filosofía hindú y védica. Principalmente visto en el yoga y en el Vedanta Advaita, vāsanā significa "permanecer, morar o persistir en la memoria". Tiene raíces lingüísticas indoeuropeas y se traduce como impresiones del pasado formadas que afectan a la conciencia o las percepciones del presente. Vāsanā también puede significar deseo, inclinación o expectativa. Es una impresión kármica o tendencia de comportamiento que se sabe que influye en el comportamiento actual de una persona.

Tendencias habituales latentes o condicionamiento o vāsanā se suele utilizar indistintamente con la palabra bija (semilla) para representar impresiones latentes que resultan de acciones impresas en la conciencia de una persona (ālaya-vijñāna). La acumulación de tales semillas predispone a un individuo a patrones de comportamiento específicos. Es por eso que algunas personas son amables por naturaleza, sin importar qué, y otras son inherentemente crueles.

Según Patañjali, vāsanā son concentraciones potentes o acumulación de samskaras. A menudo, vāsanā es la noción de deseo o necesidad. Vāsanās tienen el poder de impulsar nuestra psique a menos que se disuelva por medio de tapas (disciplina y austeridades) y nirodhaparinama (la transformación del subconsciente que resulta en la supresión de citta-vritti).

Las predisposiciones, tendencias y latencias de nuestras mentes actuales son el resultado de las manchas o huellas dactilares dejadas por nuestras vidas pasadas. Estas propensiones subliminales nos mantienen en un estado de constante ansiedad sobre el pasado y el futuro. Nos ciega a la claridad del aquí y ahora, la conciencia de existir enteramente en el momento. De acuerdo con Sat-Chit-Ananda, hay cuatro vāsanā:

- Suddha o vāsanā puro
- Sat o bien
- Malina o impuro
- Madhya o mixto

Puede disfrutar de los resultados de estas impresiones latentes de tres maneras:

- Acción involuntaria (Anichha)
- Acciones voluntarias (Swechha)
- De las acciones de otros (Parechha)

El objetivo de su existencia aquí y ahora es deshacerse de todos sus enredos con vāsanā, o los siempre tan sutiles deseos con los que ha llegado a este lugar. Cada individuo tiene estas manchas en citta en diferentes grados.

Formas de Vāsanās

- **Dehvāsanā:** Esto también se conoce como una obsesión con el cuerpo. El deseo interminable de verse bien, usar ropa y joyas de moda, satisfacer los antojos de nuestro cuerpo, ya sea comida, bebida o intimidad.

- **Shastra vāsanā:** Esta es una obsesión con el conocimiento. Saber cosas por saber si ese conocimiento es deseable o edificante para el desarrollo espiritual o profesional.

- **Lok vāsanā**: El ansia de atención de los demás. Ocurre cuando hacemos cosas para llamar la atención. Queremos ser amados, tener control e influencia sobre los demás.

Controlando y erradicando Vāsanās

Como todo en la vida, vāsanās puede ser bueno o malo. Cuando se usan para el desarrollo personal y el crecimiento de la sociedad, pueden ser excelentes ayudas. Aún así, cuando vāsanās se vuelve excesivo, nos enorgullecemos y usamos estos deseos innatos para destruirnos a nosotros mismos y a los demás. Por esta razón, debemos identificar y controlar las expresiones de vāsanās, para que no causen más daño que bien.

Como los hilos de una tela, la mente es un racimo de vasanas; por lo tanto, suprimir dichas vasanas es más fácil que erradicarlas. Cuando se suprimen los vasanas, solo están así hasta que se manifiestan doblemente una vez que surge una oportunidad. Los cuatro métodos para destruir los vasanos incluyen:

- Sama, o la paz mental obtenida de la tranquilidad otorgada por buddhi

- Restricción de los indriyas u órganos sensoriales

- Svadhyaya y la meditación en libros filosóficos para aumentar el conocimiento de la verdad. Esto disminuye Dehvasana y Lok vasana. Después de un tiempo, se dedicará a una profunda meditación trascendental y también abandonará el shastra vasana.

- Vichāra o la indagación atmic, que es la capacidad de discernir lo real de lo irreal.

Cuando se eliminan los hilos de Vāsanās, el velo que cubre la mente también desaparece en el aire. El alma se emborracha en la ambrosía que es el brahmán, y obtenemos la iluminación.

Siddhi सिद्धि: Esta es una palabra sánscrita que significa logro, realización o logros. Los siddhis son habilidades sobrenaturales o paranormales que son producto de la continua práctica y avance del yoga a través de la sadhana como la meditación y el yoga. El término pali "rddhi" se utiliza a menudo indistintamente con el término siddhi en la literatura budista.

El Visuddhimagga, el camino a la purificación, y el tratado más significativo sobre la práctica budista explica cómo los maestros espirituales manifestaban habilidades mágicas. Algunas de las habilidades mencionadas eran caminar sobre el agua, volar, transformación elemental (cambiar la tierra por el aire), etc.

Hanuman Chalisa es un maravilloso tratado compuesto por más de 40 himnos en honor al Señor Hanuman. En la Chalisa Hanuman, hay un verso que dice del Señor Hanuman, "Ashta siddhi navanidhike data". En otras palabras, el Señor Hanuman concede a los verdaderos devotos tesoros divinos y habilidades sobrenaturales. Los Señores Ganesha y Hanuman son deidades que bendicen a todos los devotos dignos, dándoles ashta siddhi, y los nueve tesoros documentados en la mitología hindú.

Dipa Ma, una mujer bengalí y estudiante de Anagarika Munindra, fue una maestra de meditación india del budismo Theravada. Conocida como la madre de la luz y la patrona de los hogares, demostró algunas de estas habilidades. Como se ha dicho antes, el logro del siddhi es solo a través de la práctica regular del yoga y la meditación. Pero el yoga para alcanzar el siddhi debe hacerse a través de la asociación de suddhasattva, que es el yoga realizado con una mente limpia y desprovista de tamas y rajas que contaminan el alma y la mente.

En la literatura yogui e hindú, hay dos siddhis principales:

- Siddhis normales: Contienen las fuerzas del mundo que se transforman en elementos.

- Siddhis extraordinarios: Estas habilidades abren la mente a la verdad que lleva a la iluminación.

Los siddhis no son poderes místicos dejados solo para los budistas. Cualquiera puede alcanzar alguno o algunos de estos poderes sobrenaturales si cultiva la sadhana – el cultivo religioso y espiritual para la liberación. Para que esto ocurra, el devoto debe obtener la perfección en Sila o los principios de comportamiento humano que promueven una existencia ordenada y pacífica en cualquier comunidad. Como yogui o yogini, debe aprender a aquietar sus pensamientos (Samadhi), ya que esta es la única manera de alcanzar el conocimiento (Prajñā). También debe practicar los trances requeridos (Jhana). Debo decir en este punto que no muchos practicantes pueden cumplir con los cinco silos, y mucho menos con las otras condiciones necesarias para el siddhi.

Los ocho siddhis clásicos

También conocidos como Brahma siddhi o las grandes perfecciones. Estos incluyen:

1. **Aṇimā**: Es la capacidad de reducir la masa corporal a un tamaño menor que el átomo más pequeño manipulando el cuerpo para que sea tan pequeño que sea casi invisible.

2. **Mahimā**: Esta es la capacidad de expandir el cuerpo a un tamaño masivo. Alcanzar este siddhi permite al portador tener poderes iguales al que creó el universo. Aṇimā y Mahimā se llaman Madalasa Vidya.

3. **Laghimā:** La habilidad de la ingravidez o de ser tan ligero como el aire. Algunos textos traducen este siddhi como Vayu gaman siddhi. El Venerable PindolaBharadavia es alguien comúnmente citado por este siddhi.

4. **Prāpti:** La capacidad de obtener lo que uno desea o quiere tener o poseer.

5. Prākāmya: La capacidad de lograr o convertirse en lo que uno desee. Alcanzar este siddhi garantiza un flujo de energía mágica que le permite a uno tomar cualquier forma deseada.

6. Īśiṭva: Esta habilidad es la supremacía sobre las fuerzas de la naturaleza, los organismos, los individuos, los órganos y los componentes elementales del universo.

7. Vaśiṭva: El control sobre las fuerzas de la vida y la muerte. Este poseedor de siddhi obtiene una influencia y un poder indebido sobre cualquiera o cualquier criatura de la superficie de la Tierra.

8. Yatrakāmāvasāyitva: El poder de hacer que los deseos se cumplan. En algunos textos, está escrito como Kāma-avasayitva, que es la supresión del deseo o la satisfacción.

Ashta Siddhi

Los ashta siddhis son superpoderes innatos en todo hombre, pero subdesarrollados hasta que uno alcanza el estado de buda. Son ocho en número.

1. Aavesha: La habilidad de entrar en el cuerpo de otro.

2. Chetasojnaanam: El poder de leer la mente.

3. Drushtihi: El poder de ver objetos fuera del rango visual normal.

4. Kanti: Brillo o lustre extraordinario.

5. Arthaanaamchandatahkriyaa: El poder de controlar los órganos sensoriales de acuerdo a la voluntad de uno.

6. Shrotram: La capacidad de escuchar los sonidos hechos a distancias inaudibles para los oídos humanos.

7. Smrutih: Memoria notable. La habilidad de recordar lo que uno desea y lo que ha visto.

8. Istatahadarshanam: El poder de volverse visible e invisible a voluntad.

En el Bhagavata Purana de la doctrina Vaishnava, los siddhis primarios dados como producto del yoga y la meditación son:

- **Trikālajñatvam:** Conocimiento del pasado, presente y futuro.

- **Advandvam:** Esta es la tolerancia a las temperaturas extremas como el frío, el calor y otras dualidades. Este siddhi también es conocido como Kaadi vidya. Este vidya o siddhi permite al devoto realizar largas horas de penitencia bajo condiciones climáticas o estaciones extremas.

- **Para cittaādiabhijñata:** El poder de leer la mente.

- **Agni arkaambuviṣaādīnāmpratiṣṭambhaḥ:** Inmunidad a la influencia del sol, el agua, el veneno, el fuego, etc.

- **Aparājayah:** Permanecer invicto ante los enemigos.

Krishna da los diez siddhis secundarios, y ellos son:

1. Anūrmimattvam: Algunos textos interpretan esto como Haadi vidya. Es la inmunidad contra las necesidades corporales como la sed, el hambre y otros apetitos. Varios yoguis en el Himalaya tienen este atributo y pueden permanecer sin comida o agua durante varios días seguidos. Ni siquiera necesitan responder al llamado de la naturaleza.

2. Esta cualidad les permite pasar por largos períodos de penitencia, sin embargo, sus cuerpos permanecen saludables. Un ejemplo de este siddhi es un yogui de la montaña sagrada de Arunachala, que no había comido desde 1990. El monje Swami Trailanga puede pasar horas bajo el agua en el río Ganges para enseñar a los hombres que la vida humana no depende del oxígeno, excepto si se toma bajo la guía de los principios de pranayama.

3. Dūraśravaṇa: Escuchar sonidos desde una distancia lejana.

4. Dūradarśanam: Ver cosas a distancia o ver objetos muy alejados del campo de visión.

5. Manojavah: Esto implica ser capaz de mover su cuerpo a cualquier lugar que se le ocurra. En otras palabras, esto es teletransportación y experiencias extracorporales deliberadas.

6. Kāmarūpam: La capacidad de convertirse en cualquier forma que el yogui quiera asumir.

7. Parakāyapraveśanam: La capacidad de entrar o poseer el cuerpo de otras personas.

8. Svachandamṛtyuh: Esta es la capacidad de morir cuando usted está listo para irse en sus propios términos. No debe confundirse con quitarse la vida deliberadamente por medios físicos.

9. Devānāmsahakrīḍāanudarśanam: Esto implica ser parte de actividades recreativas divinas, como deportes y juegos. El yogui también tiene la opción de ser testigo de estos juegos.

10. Yathāsaṅkalpasaṁsiddhiḥ: La capacidad de cumplir los deseos de uno a la perfección.

11. Ajñāpratihatāgatiḥ: Comandos y órdenes que permanecen sin impedimentos.

Los astha o siddhis primarios son explicados por la filosofía de Samkhya Karika. Los ocho siddhis que liberan a uno de avidya para experimentar el samadhi como se enumera en el Tattva Samasa de Kapila son:

1. Uuha: Alcanzar el conocimiento de los 24 Tattvas. Los Tattvas son las entidades responsables de la creación del cosmos. El conocimiento de los tattvas se obtiene a través de un examen minucioso de la prakriti y vritti (conciencia determinable e indeterminable y componentes no conscientes de la creación) debido a los samskaras de Purvajanma (los atributos imbuidos por el alma en vidas pasadas).

2. Shabda: El conocimiento obtenido por la asociación cercana con una persona iluminada y conocedora o un gurú.

3. Addhyayan: Conocimiento obtenido de un estudio dedicado de los Vedas, tratados sagrados y textos auxiliares.

4. Suhritprapti: Conocimiento de excelentes y bondadosos amigos o personas.

5. Daan: Conocimiento obtenido independientemente de las necesidades de uno mientras se atiende a las preguntas y requerimientos de aquellos en busca de conocimiento.

6. Aadhyaatmikdukkh-haan: La libertad de la decepción y el dolor que surge por la falta de experiencia y conocimientos metafísicos, espirituales y místicos.

7. Aadhibhautikdukkh-haan: La libertad del dolor y la decepción causados por la pasividad o el apego a las ganancias materialistas y los placeres mundanos.

8. Aadhidaivikdukkah-haan: La libertad de la desilusión y el dolor resultante de la mala suerte o la dependencia del concepto de destino.

Formas de alcanzar el Siddhi

El acharya Patanjali menciona estas formas de lograr el siddhi en el sutra 4.2:

1. **Janma:** Este es el siddhi obtenido a través de la concepción. Algunos niños nacen de padres espiritualmente iluminados que reciben estos poderes por el útero que los ha dado a luz (genética). También se cree que ciertas personas obtienen siddhi debido a su buen karma y a los logros de sus vidas anteriores.

2. **Aushadhi:** También escrito como oṣadhi, este es el siddhi obtenido a través de hierbas y polvos medicinales. Las drogas alucinógenas y las hierbas como el LSD, la mescalina y el peyote pueden afectar la conciencia, otorgando poderes extraordinarios por un corto tiempo.

3. **Mantra:** Estos son siddhis obtenidos a través de la repetición constante de encantamientos o mantras, que son himnos sagrados con características naturalmente poderosas. Algunos de estos himnos se encuentran en el Rig Veda.

4. **Tapah:** Este es el siddhi obtenido por la autodisciplina, la mortificación y la penitencia. Las nubes de avidya residen en la mente. Se alejan usando la autodisciplina y las austeridades que permiten recibir los cinco elementos de la naturaleza.

5. **Samadhi:** Poderes extraordinarios y paranormales son concedidos a aquellos que han alcanzado la unidad con la conciencia y la iluminación.

Ānandaआनन्द: Esta es una palabra sánscrita derivada de la "a" que significa desde los lados y "nanda" que significa alegría. Ananda se traduce como "alegría divina" o "dicha". También es el nombre de un movimiento fundado por Swami Krivananda basado en las enseñanzas de ParamhamsaYogananda.

En la creencia del yoga, Dios es "sat-chit-ananda (सच्चिदानंद)," que significa verdad, conciencia de existencia y dicha. Sat-chit-ananda es un epíteto usado para describir la realidad última o brahmán. Ananda reemplaza la felicidad temporal obtenida de las cosas materiales y mundana.

Ananda es la alegría que le mantiene en la esclavitud y el asombro para siempre. Ananda se encuentra a través de la meditación trascendental regular y profunda. Con Ananda, siempre tendrás una disposición alegre ante cualquier circunstancia.

En los Vedas hindúes, ananda es la eterna alegría que acompaña al final del ciclo de renacimiento. Este placer ocurre cuando uno se libera de todas las dudas, pensamientos, acciones, deseos, dolor y sufrimiento. Una vez que un devoto ha alcanzado Ananda y se establece en el brahman, se convierte en Jivamukti – un individuo liberado de los grilletes del ciclo de muerte y renacimiento

La filosofía Dvaita Vedanta del Bhagavad Gita interpreta el ananda como el gozo derivado de las buenas acciones y pensamientos y depende del estado de la mente. De acuerdo con el Bhagavad Gita, alguien con una disposición uniforme alcanzará y disfrutará de la dicha divina en todos los aspectos de la vida.

Ramanujacharya, el padre del Vishishtadvaita Vedanta, enseña que la dicha divina solo se produce por la gracia divina, que se alcanza por la entrega total de la voluntad y el ego de uno a lo divino.

Capítulo once: El misterio de la percepción

La palabra "pensamiento" se origina en la antigua palabra inglesa "boht" o "geboht", ambas significan "concebido en la mente" o "considerar". Los pensamientos se refieren a las reacciones encubiertas, pero alusivas, que pueden surgir desde el interior o en respuesta al entorno. Los pensamientos dependen del nivel de equilibrio entre la respuesta innata y los estímulos externos. En la conversación cotidiana, la palabra "pensamiento" puede denotar:

- El producto de una actividad mental
- La capacidad de razonar e imaginar
- La consecuencia de una sola idea
- La intención no formada o perfecta
- Anticipación o expectativa
- El recuerdo o la contemplación
- Una idea que recuerda a un período o lugar
- El estado de ser consciente de alguien o algo

El pensamiento es la función de la capacidad del cerebro para crear mapas mentales de la información recibida de los órganos sensoriales y del entorno externo, participar en la resolución de problemas, la toma de decisiones, el análisis y la manipulación de datos. El análisis del proceso de pensamiento, la precisión en la toma de decisiones, el aprendizaje, la memoria, la atención, el lenguaje, la percepción y la resolución de problemas se estudian en la psicología cognitiva.

Por muy común que pueda sonar la charla sobre el pensamiento en el mundo actual, sigue siendo un misterio incluso para el vasto mundo de la psicología y la neurociencia. Todavía no está claro para los neurocientíficos y psicólogos cuántas neuronas se encienden durante la deliberación y el pensamiento consciente o por qué la neurociencia puede responder a preguntas sobre los procesos mentales y el pensamiento inconsciente, pero no al libre albedrío.

Biólogos, terapeutas de comportamiento cognitivo, neurocientíficos, filósofos y lingüistas han estudiado los procesos de pensamiento y la percepción. Ninguno de estos campos ha llegado a un consenso sobre la comprensión de cómo funciona exactamente el cerebro.

Cognición versus percepción: Los elefantes en la habitación

La cognición se refiere al proceso mental involucrado en la obtención de conocimiento y comprensión. El procesamiento cognitivo es una función cerebral de nivel superior e incluye actividades como la imaginación, la planificación de la percepción y el lenguaje.

La percepción es la experiencia sensorial hacia y para el mundo. Representa la capacidad del cerebro para identificar, organizar e interpretar la información sensorial del entorno. La percepción tiene lugar cuando un objeto atrae la atención de citta a través de indriya. Los sentidos transfieren las impresiones sensoriales por medio del manas, que es la facultad de registro de la mente, responsable de transmitir su existencia al buddhi (la facultad discriminatoria) y al ahamkara (el ego). Ahamkara acepta esas impresiones como propias y las anota mentalmente para recordarlas en otro momento.

Tanto la percepción como la cognición son procesos mentales, pero la primera nos mantiene en contacto y atentos a nuestro entorno inmediato y a las circunstancias presentes. El segundo es el proceso de formación de opiniones, toma de decisiones, y albergue de creencias.

Los procesos de pensamiento diseccionados en los Yoga Sutras

La percepción se produce cuando la mente se colorea con los estímulos del mundo físico. Por consiguiente, esta ocurrencia hace que parezca como si el citta poseyera su conciencia. Nuestra conciencia solo es reflejo "prestado" de la purusa en el citta. Esto es similar a un espejo que toma prestada la luz del sol y proyecta su reflejo en una habitación. Esta falsa percepción de que la conciencia de citta (idéntica a la de avidya) nos impide realizar nuestra verdadera identidad como purusa.

El Sutra I.5 dice "vr̥ttayaḥpañcatayyaḥkliṣṭākliṣṭāḥ", que significa "las modificaciones mentales de la mente (procesos de pensamiento o Vritti) son cinco y pueden ser dolorosas (kliṣṭāḥ) o indoloras (ākliṣṭāḥ).

El Sutra I.6 va más allá para explicar los procesos mentales exactos, dados como Prāmaṇa, Viparyaya, Vikalpa, Nidra y Smrti. De los cinco, solo tres serán discutidos en detalle en cuanto a cómo afectan a la percepción, limitan la mente y crean confusión.

Pramānaप्रमाण

Pramāna significa prueba y es un concepto esencial de la filosofía india. Prāmaṇa se deriva de las palabras sánscritas pra (प्र) que significan "adelante" o hacia afuera y mā (मा) "medir o determinar". Se dice que Pramā representa el conocimiento adecuado, la comprensión de los fundamentos o la base. Pramāna es un nominal de la palabra Pramā y se dice que es un medio para adquirir más conocimientos reales.

Prāmaṇa se encuentra en muchas escuelas de filosofía hindú. Se escribe como Pramāṇavāda y se relaciona con el concepto conocido como Yukti (युक्ति), la aplicación del conocimiento en términos de innovación, método de razonamiento o novedad en la solución de problemas.

Los textos hindúes, védicos y budistas en prāmaṇa analizan por qué los humanos cometen errores y actúan en error, el funcionamiento de la mente, sus numerosos defectos, y cómo se pueden revertir los defectos para lograr un conocimiento correcto.

Pramāna forma parte de tres conceptos centrales que describen la antigua teoría hindú sobre cómo se adquiere el conocimiento correcto. Los otros dos conceptos se conocen como Pramātṛ (प्रमातृ, el conocedor o sujeto) y Prameya (प्रमेय, el conocido u objeto). Cada uno de estos conceptos tiene sus características que influyen en el conocimiento y el proceso de conocer.

Hay seis prāmaṇas conocidos que se tratan en los textos hindúes. Profundicemos en ellos ahora.

Pratyakṣa o la percepción (प्रत्यक्ष)

La percepción puede ser interna y externa. La percepción interna se eleva desde nuestros órganos sensoriales y cómo interactúan con los objetos a nuestro alrededor. Las percepciones externas surgen de nuestro instinto. Es todo lo que obtiene de su sexto sentido o intuición (Pratibha). De acuerdo a los antiguos textos védicos, cuatro condiciones deben cumplirse antes de que una percepción se considere correcta:

- **Avyapadesya,** que significa que no se desarrollan percepciones basadas en rumores. Su percepción no puede estar basada en la percepción de otro y ser considerada como verdadera.

- **Vyavasayatmaka**, que significa que para que la percepción se demuestre correcta, no tiene que dejar lugar a la duda o al prejuicio. No se puede considerar que su percepción sea correcta basándose en inferencias que usted hace, sino en una observación pura y objetiva.

- **Indriyarthasannikarsa,** que significa que usted debe haber experimentado directamente lo que percibe con sus propios sentidos, internos y externos, antes de considerarlo cierto.

- **Avyabhicara,** que significa que una percepción que es verdadera no cambiará. Es lo que es. No se desviará del verdadero camino, y no puede ser usada para engañar.

Una vez que su información cumple con todos estos criterios, puede considerarse nirnaya, lo que significa una conclusión o juicio definitivo.

Anumāna o Inferencia (अनुमान)

Esto implica llegar a conclusiones o decidir que algo es verdad basado en lo que ha observado, o basado en hechos que ya sabe que son hechos por la razón y la lógica. Un ejemplo de esto sería mirar el cielo nublado y asumir que está a punto de llover.

Muchas filosofías hindúes consideran que anumāna es una forma válida de alcanzar el conocimiento. Hay tres aspectos importantes de la inferencia: Hipótesis, también conocida como prajna; instancia o drshtanta, si se prefiere; y, por último, pero no menos importante, la razón, o hetu.

Puede dividir la hipótesis en dos:

- Sadhya, que significa la idea se debe probar que es verdadera o falsa,
- Paksha, que es la premisa en la que se basa Sadhya.

Se puede considerar la inferencia como una verdad basada en condiciones si la evidencia positiva o sapaksha es evidente, y si la contra-evidencia o vipaksha no se ve. Otras filosofías insisten en vyapti, que es básicamente que hetu o razón tiene que ser el fundamento de toda inferencia, sin importar las circunstancias, tanto con la evidencia como con la contra-evidencia. Cuando la hipótesis se ha probado de esta manera, se llama nigamana o conclusión.

Upamāṇa (उपमान)

Esta es una comparación o analogía. Es similar a la afirmación "como es arriba, es abajo". Este uso de la analogía es un medio para obtener conocimiento condicional. El objeto de la comparación se conoce como upameyam, mientras que el objeto se llama upamāṇam. El atributo bajo el cual se hace la analogía se llama samanya.

Si le digo: "Su rostro es tan radiante como el sol por su belleza", su rostro es upameyam, el sol upamāṇam, y la belleza es samanya. Hay veces en que las analogías se consideran fiables y otras en que son discutibles.

Anupalabdhi o Prueba Negativa (अनुपलब्धि): Anupalabdhiprāmaṇa afirma que los conocimientos sobre los negativos son en realidad muy prácticos y útiles, ya que conocer estos negativos sigue contando como conocimiento. Por "negativos" no quiero decir "malos". Me refiero a afirmaciones como "El cielo no está hecho de queso y algodón", o "Los dinosaurios no existen en esta época".

Cuando usted es capaz de probar que un fenómeno no existe, puede llegar a una conclusión válida y puede ser clasificado como sadrupa, lo que significa validez positiva, o, por el contrario, como asadrupa, lo que significa validez negativa. El anupalabdhi existe en cuatro formas, como la no-percepción de:

- Causa
- Objeto
- Efecto
- Contraindicación

Solo dos escuelas de pensamiento hindúes respaldan el uso del anupalabdhi en la validación del conocimiento.

Arthāpatti o suposición, derivación basada en las circunstancias (अर्थापत्ति)

Si se sube a un tren a las 6 a. m. a un destino a 20 minutos de la estación de tren, arthāpatti asume que estará en el lugar a las 6.20 a. m. No más temprano, no más tarde.

Algunas escuelas aceptan esto como una forma válida de conocimiento. Aquellos que están en contra dicen que como arthāpatti no depende totalmente de la percepción directa o de la inferencia apropiada, la lógica es errónea. Puede que no se llegue al destino a las 6.20 a. m. por muchas razones; podría ocurrir un accidente o un cambio de ruta que pruebe la lógica errónea de arthāpatti.

Śabda (शब्द)

Esta es una dependencia del testimonio de los expertos, en este caso, el shruti en las escrituras védicas. Śabda sugiere que, aunque los humanos necesitan saber varios hechos, no podemos saberlo todo en esta vida. Por lo tanto, debemos confiar en aquellos más sabios que nosotros o en los textos escritos para obtener información válida.

Muchas escuelas consideran a śabda como una forma de adquirir conocimiento de varias fuentes para enriquecer las vidas. Aún así, la pregunta en boca de todos es, "¿Cómo se establece la fiabilidad?". Algunos dicen que establecer la fiabilidad es imposible. Otros afirman que la información es fiable dependiendo de la fuente, y śabda no está completo prāmaṇa.

Viparyayaविपर्यय

El Yoga Sutra I.8 de Patañjali enseña: "La ilusión es un conocimiento falso sin base objetiva". Viparyaya es una palabra sánscrita que significa concepto erróneo, falsa percepción, ausencia, inexistente o invertido. Viparyaya es un término que connota el conocimiento erróneo resultante de las falsas percepciones.

Viparyaya es una de los cinco kleśa porque es una aflicción o cognición errónea que sirve como obstáculo para vrittinirodha (silenciar la mente). Viparyaya tiene sus raíces en avidya. Estos malentendidos conducen a la ignorancia, el odio, el egoísmo, el miedo a lo desconocido y los apegos. La filosofía hindú cree que pedir ayuda a la mente es un paso para corregir estas ilusiones o tergiversaciones.

Viparyaya no es una fantasía o el producto de una mente loca. La mente está sana cuando está nublada por Viparyaya. Ejemplos de ilusiones vistas en nuestra vida diaria son cuando se entra en una habitación y se siente que todo el mundo habla de ti. Algunos pueden estarlo haciendo, pero otros no le prestan atención. Por lo tanto, su percepción es falsa; no es nada más que el "yo-sentido", el sello de viparyaya.

Los conceptos erróneos que usted percibe son modificaciones de la mente conocidas por la mayoría de los sufrimientos de la vida humana. Vyasa reconoce a viparyaya como la causa del ciclo de muerte y renacimiento, el subproducto de la ignorancia espiritual causada solo por avidya y viparyaya. El yoga es una práctica de controlar el cuerpo y librar la mente de vritti a través del samadhi, obligando a la mente a reconocer la cognición y la percepción válidas.

Viparyaya es más potente cuando se hace sin intención. Necesita de guía espiritual para que pueda desarrollar su propia "alerta de buddhi". También necesitas Prajñā, o la luz de la sabiduría, mediante la cual puede ver las mejores formas de crecer y expandirse en vairagya, ser cada vez más consciente, aumentar su prāmaṇa, y ser adepto a detectar y evitar las ilusiones, ya sea raga, dvesa, u otro kleśa. De esta manera, usted ve las cosas, la gente y los hechos tal como son.

Vikalpaविकल्प

A Vikalpa también se le llama duda, fantasía, percepción imaginaria o imaginación. Vikalpa se refiere a situaciones o ideas que no existen en la realidad. En los textos antiguos, vikalpa tiene dos significados:

- Una alternativa al proceso de deliberación para llegar a una decisión. Aquí vikalpa tiene una connotación positiva.
- La indecisión que exhiben las personas cuando hay necesidad de confirmar una verdad o tomar decisiones cruciales. Aquí, vikalpa tiene una connotación negativa.

En el yoga sutras, el vikalpa se describe como "Delirio verbal de palabras carentes de sustancia". Vikalpa es la charla mental que surge después de escuchar una palabra incluso cuando no hay un pensamiento correspondiente fuera. Un ejemplo de vikalpa es el clásico rumor. Los rumores surgen del análisis distorsionado y nublado que una persona hace de una situación o persona transmitida como verdad.

La historia de los tres ciegos y el elefante ilustra el vikalpa. Situados en diferentes aspectos del cuerpo del elefante, cada ciego describió por tacto lo que asumieron que era la mejor descripción del animal.

Otro ejemplo está en la descripción de sustantivos abstractos como tiempo, compasión, amor u odio. El tiempo, por ejemplo, no es un objeto. Es un fenómeno que se entiende de manera diferente por diferentes personas. Algunos asumen que tienen mucho tiempo, mientras que otros imaginan que se les está acabando. El tiempo, en realidad, es infinito, no afectado por nuestra cognición o inferencia.

Vikalpa, cuando se escucha, crea un vritti basado en los samskaras de nuestra mente. Con esfuerzo, paciencia y guía espiritual usando el yoga, el vikalpa es reemplazado por vidyā, la verdad despejada y no bruñida dirigida al brahmán.

Los conceptos de pramana, vikalpa y viparyaya muestran que cada individuo cree o acepta los hechos solo cuando están en consonancia con el aprendizaje acumulado. Cada pensamiento se interpreta de forma diferente incluso entre gemelos del mismo útero con las mismas influencias externas basadas en la ilusión (viparyaya), la prueba concluyente (pramana) o la fantasía (vikalpa).

Así, el conocimiento de un individuo aquí se describe como relativo en lugar de absoluto. Sus pensamientos se basan en la manera en que percibe las cosas, ya sea que estén bien o mal. Las ondas de prāmaṇa, viparyaya, vikalpa abarcan todos los pensamientos que usted tiene incesantemente en su vida. Cuando comprende los tres, puede manejar sus pensamientos aún mejor a medida que continúa con su práctica de yoga.

Estas ondas de pensamiento abarcan todo y se utilizan para clasificar cómo la gente percibe algo o alguien a lo largo de su vida. Por lo tanto, la verdad es generalmente subjetiva, ya que el conocimiento es relativo en lugar de absoluto. La comprensión de estos patrones de pensamiento y cómo colorean los aspectos de nuestra vida se puede hacer a través del yoga. El yoga no solo nos ayuda a controlar las ondas de pensamiento, sino que también nos ayuda a lograr el equilibrio y la serenidad.

Capítulo doce: El más alto estado de felicidad — Kaivalya

Kaivalya (कैवल्य): Esta es una palabra sánscrita que significa soledad, aislamiento o desprendimiento. Es una derivación de vrddhi del kevala, una filosofía del yoga Samkhya que significa solo, aislado, lleno, absoluto o perfecto. Kaivalya es el objetivo final del raja yoga y representa el aislamiento de la prakriti de puruṣaand la liberación del ciclo de muerte y renacimiento (mokṣa).

En algunos textos del Upanishad, kaivalya-mukti se considera la esencia de los Upanishads y es la forma más avanzada de mokṣa que otorga la liberación de esta vida (jivan-mukti) y después de la muerte (videha-mukti). Los antiguos textos del Upanishad describen el estado de kevala, o kaivalya mukti en el Yogatattva Upanishad de los versículos 16 a 18 como la liberación definitiva y la verdadera naturaleza del ser (paramampadam), desprovisto de partes y manchas, destrucción, reconocimiento, nacimiento, muerte y experiencia. Es la intuición de la inteligencia, la existencia real y la felicidad.

Gauḍapāda, el filósofo hindú y erudito de la escuela de filosofía Advaita Vedanta, teoriza que kaivalya es la naturaleza del aislamiento y de la separación de los demás. En este estado, puruṣa es distinto y separado de las otras tres gunas, por lo que hay una ausencia de dukkha (sufrimiento o pena), lo cual es natural con la existencia de puruṣa.

Hay 34 sutras en los Yoga Sutras de Patañjali dentro de la cuarta pada o capítulo. Estos sutras discuten el efecto de los samskaras dejados por los interminables ciclos de nacimiento y el propósito detrás de la necesidad de deshacerse de tales impresiones mentales. El requisito de kaivalya se enumera en el sutra 4.6, que establece que solo la mente nacida de la meditación o purificada a través del samadhi está libre de las impresiones latentes del karma y de todos los demás anhelos.

El sutra 1.48 retrata al devoto o sadhaka que ha alcanzado la dicha de kaivalya como alguien que ha logrado la independencia de la esclavitud y ha adquirido la verdadera conciencia absoluta. Esta verdad o el poder de la conciencia pura se conoce como ṛtaṁbharāprajñā, mencionada en el samadhi pada o primer capítulo.

Las impresiones que impiden alcanzar la dicha se describen en el sutra de kaivalya pada, versículo 10: "Como el deseo de vivir es eterno, así son las impresiones que no tienen principio". Además, en el sutra 4.11, enseña que las creencias se mantienen unidas por causa, efecto, base y apoyo, y desaparecen con la supresión de las cuatro.

Dominando Kaivalya: El camino de la Kevalin

Una persona que alcanza el estado de kaivalya se conoce como kevalin y siempre está sola. En este estado, el devoto se encuentra en un estado de auto-absorción donde los deseos están ausentes, la mente está dormida, y no hay dualidad o distinción entre el conocedor y el conocido.

Kevalin logra la liberación sin rechazar o evitar las dualidades, pero sin verse afectado por ellas. Ni desechando ni eligiendo, sino decidiendo permanecer libre de las modificaciones de la mente, abrazando la vida totalmente sin preferencia.

Este estado de estar solo es brahmán. Kaivalya es el estado de unidad con el brahmán.

Lograr el aislamiento para el kevalin se hace a través de la transformación interna y la purificación del ser, ambas prácticas inherentes a la práctica diligente del yoga. El yoga involucra el sadhaka en las moralidades del yo, también conocidas como austeridades y autocontrol. Este es el camino del kevalin: Volverse desapegado y totalmente absorto en sí mismo. A los kevalins no les importan las comodidades de este mundo, las relaciones, la gente o los placeres de cualquier tipo, pero eso no significa que detesten estas cosas.

Los kevalins expresan compasión y preocupación por el bienestar de los demás. La única diferencia entre un kevalin y uno sin auto-realización es que el primero no se deja llevar por el motivo. Es más fácil expresar estas emociones superiores porque ya está establecido y se ha auto-realizado. Como resultado, canalizan su naturaleza superior.

Uno podría pensar que el kevalin es un santo. Esa es una noción de un aficionado. Uno que ha alcanzado el estado de kaivalya no está apegado a nada, ni siquiera a las ideas. Se ve a sí mismo en todas las cosas, y la gente, como una gota de lluvia en un estanque, se convierte en uno con el estanque. El kevalin se convierte en lo mismo con la conciencia universal, nada más y nada menos.

Alcanzar el estado de kaivalya comienza con la renuncia al mundo. Esto significa que quien recorre este camino debe cultivar un desagrado por los apegos o de cualquier tipo, ya sea por las relaciones, la familia y las cosas materiales. Después de esto, el buscador debe practicar la autodisciplina en forma de ofausters para fortalecer su cuerpo y prolongar la quietud de su mente. Una vez que se aproxima al estado de kaivalya, permanecerá estable y sin perturbaciones por el parloteo del mundo, sintonizando sus sentidos con el silencio y descubriendo la paz sin elegir ni poseer, sino buscando la compañía de nadie más que de sí mismo.

Después de esto, todos los límites que le marcan como parte de la creación se borran, apartándole de todo rastro de asmitā, dvesa y raga, y de la ilusión que es la dualidad.

Siete etapas del descubrimiento de la realidad

El sutra 2.27 establece que siete formas de la última visión llegan al yogui que adquiere la iluminación discriminatoria. Es mejor pensar en estas etapas como grados para descubrir a Kaivalya.

1. **Comprensión de la Defección que existe en los objetos o cosas:** Esta comprensión ayuda a apreciar que las cosas no son perfectas o como aparecen. Sale a la luz que todo lo que se considera digno, bello o virtuoso en este mundo es condicionalmente válido y temporal en su núcleo. Esta conciencia descubre el dolor que hay detrás de

los "placeres" de este mundo, y que el sufrimiento no puede ser evitado mientras se está disfrutando.

2. El descubrimiento de que existe una causa de sufrimiento: El dolor no se materializa de la nada. La ley de causa y efecto se entiende mejor en este punto. Uno obtiene el control al reconocer la raíz causal de los dolores de la vida y los problemas de la experiencia humana.

3. Encontrar el camino para salir del dolor existente: Una cosa es reconocer los problemas y conocer su causa, y otra es descubrir una solución. Esta posibilidad de una cura de las garras del dolor ofrece un gran consuelo y confianza.

4. El reconocimiento de un estado más allá de todo sufrimiento: Cuando el estado más allá del dolor se convierte en el sujeto de la conciencia, junto con el sentimiento de que hay una salida, el alma se libera.

5. La mente pierde el control sobre toda la conciencia: Esto es como estar dormido, pero no del todo porque el verdadero ser está despierto. Citta se levanta lentamente del sueño de la vida y se da cuenta de la posibilidad de una experiencia superior.

6. El material de la conciencia presente o individualidad es derribado y desmantelado: Esta disolución de los gunas, que es solo una fusión compleja de rajas, sattva y tamas, asegura que el complejo mente-cuerpo deja de funcionar.

7. Retorno de la conciencia al yo para que el yo sea finalmente consciente de Kaivalya: En el sutra 2.28, se afirma que el yoga es la única actividad que puede purificar la mente, manifestando espontáneamente la conciencia hacia kaivalya (también llamado mokṣa). Este proceso se explica con el uso de la palabra āviveka-khyāteḥ.

En la etapa final llega el vivekakhyati o la perfección en la comprensión, que amplía el dominio que las sustancias de la naturaleza tienen sobre nuestra conciencia. Los no realizados no tienen control sobre nada porque hay una asociación del yo con las fuerzas cósmicas de la naturaleza a través de la afirmación de asmitā y la debilidad de la personalidad.

Los miembros del yoga conducen a la revelación del conocimiento y al logro de la liberación. El yoga nos libera de las tendencias separatistas que causan la desarmonía entre nosotros y la naturaleza. Esta disonancia nos hace indefensos, pero alcanzamos la armonía, el poder absoluto y el control cuando alcanzamos la perfección. Hay que tener cuidado con el yoga. El conocimiento solo se obtiene con la pureza de pensamiento. Por lo tanto, el samayama debe ser practicado para que traiga la salvación al alma o kaivalya.

Le sugiero encarecidamente que no se meta en el yoga con fines egoístas, como la telequinesis, la influencia sobre las personas o la comunicación telepática, ya que no contribuye en nada a su salvación. Después de un cierto punto en la meditación (samayama), es posible adquirir siddhi. Aún así, uno debe tener cuidado de dirigir nuestros pensamientos cuando tales poderes surgen para evitar que nuestros sentimientos o emociones nos sumerjan en una ilusión, alejándonos de la salvación.

Conclusión

He terminado este libro discutiendo las formas en que se puede usar el yoga para lidiar con vritti, avidya y vāsanās, que nos traen dolor y sufrimiento innecesario en la vida. Repasemos algunas formas en las que puede permanecer incondicionalmente feliz.

Hay muchos métodos para lidiar con los efectos del vritti en nuestra conciencia, pero un método en particular se destaca. Se llama Sakshi Bhava, o testimonio silencioso. Hay dos maneras en las que puede practicarse. Usted puede realizar una **práctica diligente**; al sentarse en una postura meditativa, con su columna vertebral relajada y su cuerpo en reposo, observar sus pensamientos, sentimientos y emociones, pero negarse a identificarse con ellos.

No los supriman. Hacer esto solo significa que se identifica con ellos, que es lo contrario de lo que esta práctica pretende lograr. Observe sus emociones como si estuviera dividido en dos mitades, una mitad que posee el vritti y la otra, un testigo silencioso que observa con conciencia.

La otra forma en que puede participar en Sakshi Bhava es a través de la **práctica diaria de actividades**. Esto es un poco más complejo de dominar. Tiene que observar sus prácticas diarias desde el cepillado de los dientes hasta la salida al trabajo. Puede ser abrumador. Al principio se debe practicar la observación silenciosa por períodos cortos. Con el tiempo, usted se volverá competente en Sakshi Bhava, incluso en sus interacciones y relaciones con los demás. En Sakshi Bhava, su vida se convierte en una película mientras que usted es el espectador que mira desde una perspectiva distante. Esta práctica ayuda a aflojar las garras de asmitā, disminuye el dukkha de la identificación errónea, y aumenta la satisfacción.

Para superar la avidya, se puede practicar el **Vivekakhyati** o **conocimiento inquebrantable sin lugar a dudas (विवेकख्याति)**. Esta es una práctica que la mayoría de los yoguis utilizan para mantener a raya la avidya y suprimir el surgimiento de pratyāya (ideas o contenidos de la mente) en su estado de conciencia divina.

Junto con Vivekakhyati, practica **para-vairagya** (desapego del materialismo). Esta es la cumbre de la renuncia mental. Al igual que vivekakhyati parte de las formas más simples de viveka, desarrollándose a partir de una práctica prolongada y dedicada, para vairagya parte de simples actos de entrega hasta llegar a su cúspide en la renuncia a la iluminación y el esclarecimiento del plano atómico.

Cuando se hacen ambas cosas juiciosamente, se culmina con la forma más alta de samadhi: Dharma megha samadhi. Este samadhi borra la bija de los samskaras y abre las puertas de la realidad para la morada eterna de puruṣa. Dharma megha samadhi entonces destruye avidya y termina el samyoga de puruṣa y la prakriti en el sutra 2.23. En esta etapa, avidya deja de obstruir la visión de puruṣa que ha alcanzado la autorrealización o kaivalya.

Vāsanās son hábitos o tendencias arraigadas. Deshacerse de vāsanā se hace utilizando una técnica paso a paso arraigada en el **pratipaksha bhavana**, que es la aplicación del pensamiento opuesto. Para tratar el tema de vāsanās, ponemos en palabras una declaración corta, pero simple, que identifica el pensamiento que hay detrás de vāsanā. Es hora de hacer las preguntas esenciales como, "¿Importa esto? ¿Por qué quiero esto?" etc.

Es útil señalar a los gunais responsables del vāsanā. La mayoría de las veces, son los terribles dos-rajas y tamas. Donde raja está lleno de extroversión, ansiedad, agitación, deseo y codicia, tamas es más introvertido, depresivo y avergonzado.

Identificar el valor detrás del pensamiento que se siente. ¿Valora el deseo de ser amado? ¿Apreciar? ¿Valora la riqueza y el estatus? Cuando responda a esto, pregúntese si este punto de vista que ha valorado se siente auténtico para su identidad o si es un valor impreso en su psique por el condicionamiento cultural y social.

Sopese la verdad y la legitimidad del pensamiento. Todos los pensamientos están nublados por la subjetividad y la interpretación personal. ¿Está dispuesto a pensar fuera de la caja para probar que sus pensamientos son verdaderos?

Mida el costo de mantener vivo este vāsanā. ¿Cómo le afecta a usted, a sus relaciones, a su espiritualidad y a su bienestar psicológico el albergar este hábito suyo? Si sopesas el precio y su impacto, su mente se desprenderá gradualmente de tales patrones.

Asuma la perspectiva de atman, la conciencia ilimitada que tiene, y es. Y pregúntese cómo se sentiría o cómo cambiarían las cosas si dejara de lado este patrón o vāsanā.

Aplique el pensamiento opuesto. Convierta la negatividad que siente en algo positivo. Si siente o piensa en la falta, piense en la abundancia en su lugar. Si se siente solo en una relación o vacío por la falta de compañía, cree en su mente que está completo y perfecto sin ella. Reemplace avidya con vidya para dejar ir sus limitaciones.

Finalmente, descubra la evidencia para apoyar su nueva línea de pensamiento. La mente ama los hábitos. Así es como se desarrolla vāsanās en primer lugar. Para que este paso funcione, es necesario que usted encuentre por lo menos tres razones para apoyar su nuevo patrón o perspectiva.

Esto requiere persistencia y diligencia, ya que, como un injerto, su mente pateará contra él al principio. Pero una vez que usted tiene la prueba de cómo los nuevos pensamientos superan a los viejos, su mente se ve obligada a aceptar las cosas como son ahora.

Con el tiempo, su nuevo punto de vista se convertirá en habitual y automático, permitiéndole ver las impresiones mentales con mayor objetividad y vivir una vida de felicidad en su forma más verdadera y pura.

Una vez más: ¿Es usted feliz?

Vea más libros escritos por Kimberly Moon

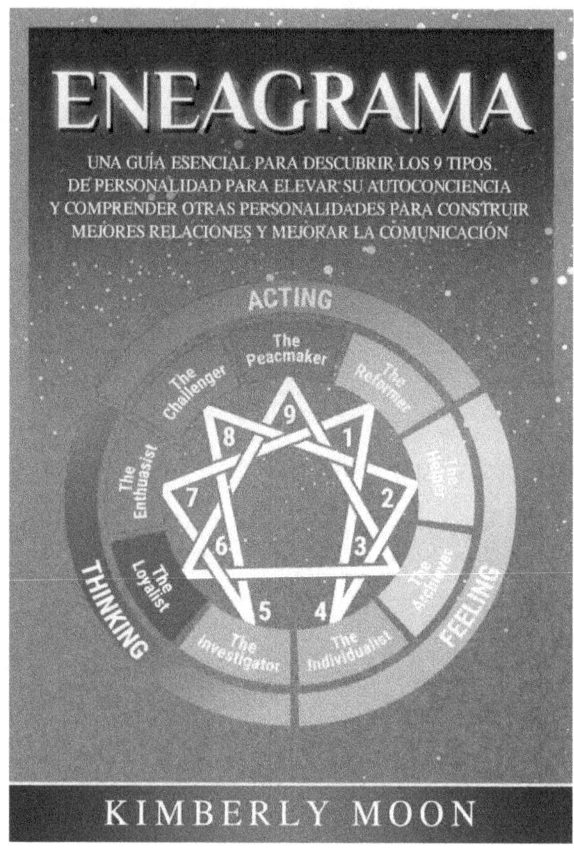

Bibliografía

Ali, S., Balaji, P., &Varne, S. (2012). Efectos fisiológicos de las prácticas yóguicas y la meditación trascendental en la salud y la enfermedad. *Revista Norteamericana de Ciencias Médicas, 4*(10), 442.

Ashtanga Yoga - Los Yoga Sutras de Patanjali. (n.d.). El Arte de Vivir (India).

Ashtanga Yoga de Maharishi Patanjali. (n.d.). Templo de la Sabiduría Interior.

Burke, G. (16 de diciembre, 2012). *Dharana, Dhyana, Samadhi y Meditación.* El cristianismo original y el yoga original.

Girl, A. Y. (29 de octubre, 2019). *¿Es una práctica diaria de Ashtanga Yoga suficiente para su cuerpo?* Chica Ashtanga Yoga.

Karma, samskaras, vasanas y superación de miedos. (n.d.). Www.Shivarudrabalayogi.Org.

Kaur, M. (2018). *Unit-4 Introducción al yoga y a las prácticas yóguicas.* Www.Egyankosh.Ac.In; IGNOU. http://www.egyankosh.ac.in/handle/123456789/46357

Newlyn, E. (14 de junio, 2018). *Los Cinco Kleshas: Causas del Sufrimiento - Blog de los Yogamatters.*

Patanjali Yoga Sutra, Ch 1 Sutra 17, Parisamvad. (4 de enero, 2013). El Instituto de Yoga.

RAJA YOGA Yama, Niyama, Asana, Pranayama, Pratyahara, Dharana, Dhyana. (n.d.). 123himachal.Com.

Samyana - La Unión de Dharna, Dhyana and Samadhi - El Estudio y la Práctica del Yoga - Capítulo 88. (n.d.).

Stewart, M. J. (12 de febrero, 2017). *Savikalpa Samadhi (Extracto) por Michael J. Stewart.* YouTube. https://m.youtube.com/watch?v=ipHxPwPoafY

El Centro Chopra. (9 de mayo, 2018). El Centro Chopra.of-samadhi

El concepto de Vedanta Advaita. (n.d.). Www.Hinduwebsite.Com.

Las etapas del Samadhi según la tradición del Ashtanga Yoga. (n.d.). Yogainternational.Com.

Tree, S. (9 de noviembre, 2011). *Patanjali Yoga Sutra 7.* Speaking Tree.

https://www.wisdomlib.org/. (30 de mayo, 2013). *Kaivalya: 12 definiciones.*

www.ingramcontent.com/pod-product-compliance
Lightning Source LLC
LaVergne TN
LVHW052335240826
846485LV00004B/49
9781637161821